近世関東の水運と商品取引 続々

鬼怒川・利根川上中流域を中心に

丹治健蔵
Kenzo Tanji
【著】

岩田書院

目次

第一編　鬼怒川水運の展開と商品流通
―東北・北陸農村の江戸廻漕商品―

第二編　利根川水運と商品流通の動向
—北関東農村の江戸廻漕商品—

第一編　鬼怒川水運の展開と商品流通

――東北・北陸農村の江戸廻漕商品――

片角地先にて（八千代町・大正中期）
『写真集　利根川高瀬船』（千葉県立大利根博物館、1994）より

序章　鬼怒川水運史の研究回顧

管見によれば、これまで鬼怒川水運史を主対象とした研究はほとんど見受けられない。

しかし、奥田久氏の『内陸水路の歴史地理学的研究―近世下野国の場合―』(1)には、鬼怒川の河岸の起源や分布状態については若干明らかにされている。

そのうち河岸の起源については板戸河岸の旧河岸問屋のつぎの記録(2)により、慶長三年（一五九八）まで遡るのではないかと推定されている。

右は先祖より鬼怒川筋代々船問屋ニて先祖

一慶長三戌年、先祖川岸相始、其後代々問屋ニて、出荷物之請方之義は、奥羽領国・常陸・当国、右荷物請方之義は、別紙墨引絵図ニ申上候通り、本道喜連川宿通りハ氏家宿通り、関道筋、関又通、鴻野山通り、石末通り、同村東原通り并同村柳林通り、烏山通り、其余近辺都て諸荷物相掛り、扨又川下ケ之義は、此義別紙ニ奉申上候通り、慶安年中荷物運送之義ニ付、阿久津、板戸一抱、吉田川岸と争論之義、御訴ニ相成御裁許被仰付、双方より奉差上候絵図面へ御尊判御裏書被下置、御本紙之義は平太夫所持罷在、右ヲ相守運送仕候

（宇都宮市板戸　坂本竜太家文書）

しかし、この記録には見られるとおり抹消記号があるので、私には若干疑問に思われる。

そこで時代はそれよりやや下がるが、延宝九年（一六八一）の板戸川岸問屋平右衛門・柳林川岸源右衛門などの記録(3)を見ると、つぎのように記されている。

覚

一鬼怒川筋河岸場運上、先規相定候証文の通り無相違取立可差上者也

延宝九年

酉十二月廿二日　渡辺源兵衛判

加藤孫兵衛判

板戸村　平右衛門との

一板戸かし立初リハ

元禄四年未年迄七拾壱年以前酉ノ年、川岸立候由、板戸問屋平右衛門申候

一柳林かし初リハ

元禄四年未ノ年迄六拾四年已前辰ノ年取立候

一上阿久津川岸初リハ

元禄四年未年迄六拾三年巳ノ年立候

一道場宿村・石井村・鐺山村・粕田村かしハ、其已後段々立申候へ共、右四ケ村之川岸、何之年立候哉と覚申もの無御座候、以上

右之証文ハ、板戸村ニて平右衛門・柳林源右衛門・三左衛門三人ニて吟味之上、証文移シ取、其上覚書致置申候、以上

（真岡市柳林　仙波　信家文書）

右によると、板戸河岸の開始時期は元禄四年（一六九一）から七十一年遡った寛永七年（一六二一）酉年となる。ま

た、柳林河岸の起源は、元禄四年から六十四年遡った寛永五年辰年で、上阿久津河岸は六十三年遡った弘治三年(一五五七)となる。

これは板戸河岸問屋などの記憶によるものであるが、遡った年代と干支が一致するので、河岸の起源が戦国期まで遡ることになる。関東水運は古代・中世まで遡る事例があるので、一概に否定することはできないよう思われる。(4)

また、奥田氏は鬼怒川筋の河岸の規模についても言及し、明和・安永期の勘定奉行石谷備後守清昌の関東水運の河岸問屋株設定の際の史料により、鬼怒川筋の河岸別の運上金額と船問屋を表示しているが、それによると鬼怒川筋の河岸数は、上流の阿久津河岸をはじめ久保田・宗道・水海道など三九河岸であったことがわかる。(5)

さらに鬼怒川の荷物輸送地域についても述べ、板戸河岸や上流五河岸、下流の宗道河岸と商品生産・流通の動向について明らかにしているが、なお研究の余地が残されているように考えられる。

こうした先人の研究を瞥見してみるとき、鬼怒川水運史の研究は、関東の思川・渡良瀬川、それに荒川水運史と比べていささか立ち遅れているといわざるを得ないのである。

第一章　近世前期鬼怒川水運の動向

第一節　鬼怒川水運の概況

鬼怒川水運の展開を示すもっとも早い文書として注目されるのは、寛永十一年（一六三四）五月朔日付のつぎの「鬼怒川鵜飼舟運上之事」である。(6)

鬼怒川鵜飼舟運上之事

一鵜飼舟壱艘波分壱もとりニ付て、代物七文取候て上可申候事

一船数前廉相改置舟主名を付置、壱もとり〳〵に代物取候時、其人々ニ判を付遣置、勘定可仕事

一米船之外、余成荷物積候は、壱もとりニ拾文宛取可申事

右之通申付候間、鬼怒川かしはた〳〵舟改、其所〳〵ニて前廉可断者也、仍如件

寛永拾壱年

戌ノ五月朔日　　主米判

　　　　　　　　左近判

右には鵜飼船の運上金徴収や荷物運送に関する記述があり、近世初頭の鬼怒川水運の動向を窺い知ることができ

る。

また、寛永十一年十一月十五日付の奥州白河藩江戸廻米に関する定書五か条があり[7]、その一、二か条目にはつぎのとおり記されている。

白川御蔵米請切ニ仕江戸江上せ申御定之事

一米高合千弐百三拾三石三斗弐升五合八、但元和升也、此俵数弐千五百俵、但壱俵ニ付而四斗九升三合三勺三才、元和升ニてかね切ニ廻シ請取申事

一右之御米白川ニて千弐百三拾三石三斗弐升五号請取申、江戸江相着、千石ニ付而七百六拾五石、私等之升取ニて相渡シ可申候、残而弐百三拾五石八、駄賃入用ニ可被下御約束ニ御座候事

（中略）

寛永十壱年
霜月十五日

管生清左衛門（印）（花押）
高田伊兵衛（印）（花押）
請人 大塚半十（印）（花押）
同本町 斎藤次右衛門（印）（花押）
同石川名主 丹内太郎右衛門（印）（花押）

丹羽石見守殿
浅尾数馬助殿
大谷志摩守殿
丹羽庄兵衛殿
鈴木九郎右衛門殿

（白河市中町・高田健一家文書）

これにより、白河藩廻米一二三三石余りが鬼怒川水運を利用して江戸へ運漕されていたことが確認される。

さらに、近世前期の年不詳文書ではあるが、板戸村問屋平次左衛門代兼平太夫から領知役所あての書付七か条[8]のう

ち六か条目までを紹介してみると、つぎのとおりである。

御尋ニ付申上候書付

一先達て御願申上候会津廻米相用候小鵜飼船之儀、先年私共村方河岸場へ引請候ハ、何年迄ニ候哉之旨、御尋御座候

此段、延享四卯之年頃迄相懸、翌辰年之頃より相止候哉と覚申候

一板戸村河岸場へ、御料所御廻米も出候哉、且私領廻米之分は、誰々領分知行所等之分差出候哉之旨、御尋ニ御座候

此段、当時御料所御廻米ハ、一向河岸場へ出不申候、私領分ハ喜連川左兵衛督様・大田原飛驒守様・大久保山城守様、其外御少給之御旗本様方御知行所之分、少々宛出候儀ニ御座候

一売荷物之儀ハ、何方より出候分、村方ニて引請来候哉之旨、御尋御座候

此段、奥州・羽州・野州之内より出候分ハ、多分私共河岸場へ引請申候

一会津廻米之儀、板戸村下野国之内何方ニて引受、此度相願候躰々、会津より入用借請造候小鵜飼船等も有之候哉之段、御尋御座候

此段、私共河岸場之外、戸田因幡守様御領分同州阿久津河岸ニて引請積送り申候、尤会津より入用借受、打立候小鵜飼船、拾五艘程御座候

一会津より廻米積送り候儀、同所より何方へ差出、夫より何方へ積み送り、其村方へ引請候哉、御尋御座候

此段、会津より積送り候元場所之儀ハ改不申候、私共河岸場へ積送り候儀ハ、戸田因幡守様御領分奥州道中氏家宿と申所より、陸路を付おくり候儀御座候

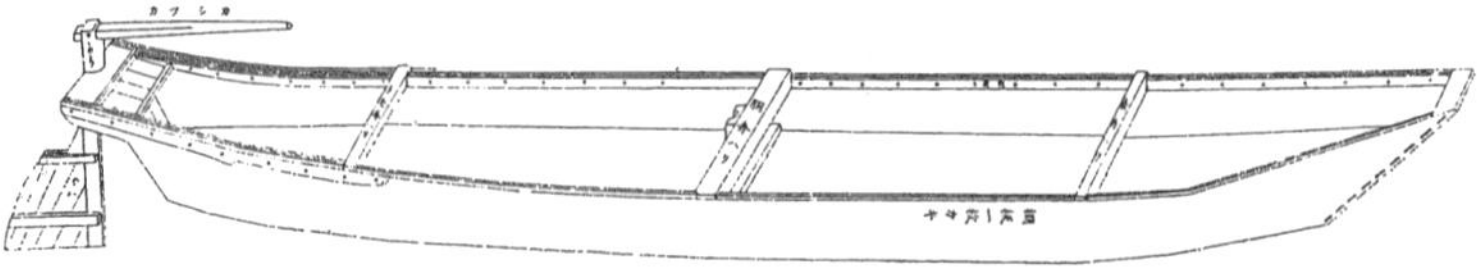

小鵜飼船／鬼怒川通ニ有之　上口（長4丈1,2尺　横7,8尺）

図1　小鵜飼船の図

一会津廻米、当時其村方へ何程引請、年中何程助成ニ相成候哉之旨、御尋御座候
　此段、去寅年之儀、中絶後初年之儀ニ村、漸六百俵程運送仕候、此上追々相増候
　ハヽ、年々四万俵程も相懸可申候、助成之儀ハ弐拾六俵積壱艘ニ付、銭壱貫四百三拾
　四文、外ニ蔵敷賃五拾四文つヽ受取申候儀ニ御座候

（中略）

右之通、尚又御糺ニ付申上候処、相違無御座候、尤此度打立候会津廻米船四艘之外、打立
候儀ハ勿論、有来之船ヲ以、紛敷取計等仕候ハヽ、何分之越度ニも可被仰付候、依之御請
印形差上候、以上

板戸村問屋　平次左衛門
　　平太夫代兼

御領知
　御役所

右の板戸河岸問屋の領主役所あての申立書にも、会津廻米を取り扱っていたこと、会津藩廻米は小鵜飼船一五艘で運漕していたことなどが記されている（図1参照）。ところで、右文中にある戸田因幡守について『寛政重修諸家譜』には「十七年十二月二十七日従五位下因幡守に叙任し、（中略）寛永三年御上洛のとき扈従し、（中略）正保四年正月三日卒す」[9]とあるので、問屋平次左衛門の書付の内容は近世前・中期頃のものと推定しても大過ないと思われる。また、右六か条目には年々四万俵ほども運漕していたとも記されている。

それから時代はやや下るが、承応三年（一六五四）十二月二日付の宇都宮藩役人仁左衛門外二名の「覚書」(10)を見ると、つぎのとおりである。

覚

一奥州其外所々より参候商荷物、鬼怒川筋舟ニて下候、借運上荷物壱駄ニ付て鐚壱銭宛借持申候、手前〱より来未ノ正月より差上ケ可申候、少も油断申間敷者也

承応三年　　　仁左衛門判
甲午十二月二日　内　近　判

これにより承応三年には鬼怒川水運を利用して、奥州方面からの商荷物を運漕していたことが確認される。

こうした板戸河岸ほか上流諸河岸から積み下した商人荷物は、中流右岸の久保田（結城市）・上山川（同上）・山王（猿嶋郡五霞町）などの諸河岸で陸揚げされ、境六か宿通りを馬継ぎで運ばれ、それから利根川中流左岸の境河岸から再び船積みされて、江戸へ廻漕されていたのである。

参考までに慶安元年（一六四八）十一月十四付の境河岸問屋兵庫から領主あて文書(11)を左に紹介しておこう。

此度江戸御表（ママ）定場にて御書留覚

一奥州より江戸江参候荷物、自諸川仁連を通り谷貝にて次申候、自江戸奥州江参候荷物、境より谷貝迄谷貝より仁連にて次申候、自仁連諸河を通り武井にて次申候

牧野佐渡守領分境町名主兵庫同五郎兵衛、三浦甚太郎領分諸川町名主三郎兵衛

右之如申上候偽ニ無御座候

慶安元年子
無神月十四日　　　　境町 兵　庫

表1　元禄3年(1690)　鬼怒川の河岸分布状況

河岸名	江戸までの距離	廻米運賃高		現在の所在地
1 阿久津	58里	100石ニ付	6石	さくら市民家町
2 板戸	57里	〃	5石9斗	宇都宮市板戸町
3 道場宿	56里	〃	5石8斗	〃　道場町
4 柳林	47里	〃	4石9斗	栃木県真岡市
5 小萩	45～46里	〃	3石9斗	結城市小森
6 久保田				〃　久保田
7 大富	44里	〃	3石8斗	栃木県二宮町
8 小川	44里	〃	3石8斗	下館市小川
9 高崎	41里	〃	3石	茨城県八千代町
10 野爪	40里	〃	3石5斗	〃　〃
11 平方	41里	〃	3石6斗	下妻市平方
12 宗道	36里	〃	3石1斗	結城郡千代田村
13 中妻	34里	〃	3石	水海道市中妻
14 水海道	33里	〃	2石9斗	水海道市
15 新宿	32里	〃	2石8斗	茨城県北相馬郡

『徳川集令考』前集第六、p95～96により作成。

右により上山川・山王河岸などから陸揚げされた荷物が、脇往還の諸川（猿島郡三和町）・仁連（同上）・谷貝（同上）などを馬付にされ境河岸まで運ばれていたことが明らかとなる。

そこで元禄三年（一六九〇）年当時の鬼怒川の河岸の分布状況について、江戸幕府の廻米津出しの記録(12)から下野国鬼怒川分を抜粋し、紹介してみると表1のとおりである。これによると、上流の阿久津河岸から下流の新宿河岸までの一五河岸であった。

それではこれらの河岸では、商人荷物は一体どのくらい取り扱っていたのであろうか、元禄十四年十二月八日付「板戸河岸以下九河岸船極印帳」(13)によって調べてみると表2のとおりである。これで見ると板戸河岸で取り扱った荷物は、問屋弥七郎・五兵衛二人分を合わせて実に四万九九六九駄にも達していたことが判明する。そのつぎに多いのは道場宿河岸の七右衛門・利兵衛二人分を合わせた一万八九六八駄で、これらの荷物は東北方面からの商人荷物がほとんどであったと思われる。

なお、参考までに元禄十四年の上流七か村の船数を紹介してみると表3のとおりで、板戸村が五八艘、道場宿村が三九艘、石井村が四一艘、それに下岡本村（宇都宮市）が七七艘など、合わせて三四八艘であった[14]。

さらに承応三年（一六五四）三月付の「覚書」[15]には奥州方面からの商荷物の動向に関するつぎのような記録もある。

覚

一奥州其外所々より参候商荷物、鬼怒川筋舟ニて下候、借運上荷物壱駄ニ付て鐚壱銭宛借持申候、手前〳〵より来未ノ正月より差上ケ可申候、少も油断申間敷者也

表2　元禄14年（1701）12月
鬼怒川上流河岸荷口銭と荷数

川岸村名	駄　数	問屋名	荷口銭
石法寺村	5,820駄	権佐衛門	6貫 60文
柳林村	1,877駄	源右衛門	1貫954文
道場宿村	12,812駄	七右衛門	13貫354文
〃	6,156駄半	利兵衛	6貫412文
石井村	11,761駄	三郎左衛門	12貫249文
鐺山村	3,660駄	喜四郎	3貫812文
板戸村	27,575駄半	弥七郎	28貫724文
〃	22,394駄半	五兵衛	23貫326文
計	92,056駄半		

『栃木県史』史料編、近世3、p469により作成。

表3　元禄14年（1701）　上流7か村舟数表

河岸村名	船　数	新船など	計
板戸村	58艘	11艘	69艘
道場宿村	39艘	6艘	45艘
石井村	41艘	21艘	62艘
下岡本村	77艘	47艘	124艘
苅沼新田村	12艘	1艘	13艘
上桑島村	14艘	3艘	17艘
下桑島村	3艘	2艘	5艘
下平出村	14艘	4艘	18艘
計	258艘	95艘	348艘

「板戸河岸以下九河岸船極印帳」『栃木県史』史料編、近世3、p458～470により作成。

承応三年　　　　　　　仁左衛門判
甲午十二月二日　　　　内　近　判

これは、奥州方面からの商人荷物の運漕につき一駄鐚一銭ずつ負荷していたことを示す文書といえる。

ちなみに時代はやや下がるが、正徳元年（一七一一）十二月の「板戸河岸等船運上書上」[16]によると、上流河岸の船数と運上金額は表4のとおりで板戸村ほか五か村の船数は合わせて二三五艘で、その運上金額は合わせて八五両一分余であった。

以上で、近世前期の鬼怒川上流の河岸と船数、それに商人荷物の運漕がかなり多量に達していたことなど、鬼怒川水運の概況をおおよそ看取されたことであろう。

表4　正徳元年（1711）　板戸河岸ほか6か村船数と運上金額

河岸村名	船数計	運上金計
板戸村	55艘	19両3分272文
道場宿村	53艘	19両　500文
石井村	36艘	12両3分772文
下岡本村	70艘	25両3分
苅沼新田村	8艘	2両3分
下平出村	13艘	4両2分 37文
計	235艘	85両1分 60文

「板戸河岸等船運上書上」『栃木県史』史料編、近世3、p478～479により作成。

第二節　近世前期商人荷物の江戸廻漕

まず、上流の阿久津河岸から中流の陸揚げ河岸となっていた山王河岸・上山川河岸・中村河岸へ船積運送されていた米・たばこについて、万治四年（一六六一）正月付「鬼怒川川下げ荷物船賃定」[17]から抜粋紹介してみるとつぎのとおりである。

一米たはこ（金壱分ニ拾駄半　但シ壱駄ニ九拾三文三ふん壱りん）　阿久津より　（山王かし　やま川かし　中村かし）

一同（金壱分拾四駄　但シ壱駄ニ七拾文）　（板戸より脱カ）　右三ケ所

一同（金壱分ニ拾六駄半　但シ壱駄ニ五拾九文三ふん九りん）　道場宿より　右三ケ所

一同（金壱分ニ拾九太　但シ壱駄ニ五拾壱文八ふん七りん）　鐺山より　右三ケ所

一同（金壱分ニ弐拾四駄　但シ壱駄ニ四拾文八ふん）　柳林より　右三ケ所

一同（金壱分ニ弐拾五駄半　但シ壱駄ニ三十八文四分）　粕田より　右三ケ所へ

一油荷物・紙其外之荷物、高荷之分、炭四つ付共ニ何方へ成共、米たはこニ弐駄上り之事

一たはこ小表四つ付共ニ米壱駄下り之事

一四斗表より内、何方へ本俵ニ壱駄下り之事

（中略）

一代物之儀ハ壱貫弐拾文、目貫ニて指引仕候、重て高下御座候ハヽ、六ケ所之者無違義相談可仕事

万治四辛丑正月廿八日

（後欠カ）

（宇都宮市板戸　坂本竜太家文書）

これによれば米・たばこが主要荷物で、そのほか油荷物・紙・炭などが運漕されていたことが判明する。

つぎに、東北地方福島の竹貫村（石川郡古殿町）の天和四年（一六八四）の竹貫たばこの出荷量について紹介してみると、七〇二俵であった[18]。

次いで、貞享二年（一六八五）には同村の在郷商人七名から合わせて一四二九俵が出荷されている[19]（表5参照）。

その後、貞享三年から正徳六年（一七一六）にかけての出荷量を見ると漸次増加し、宝永三年（一七〇六）には竹貫村だけで五五三一俵もの多葉粉が出荷されていたことがわかる。

その後、正徳六年になると、竹貫村が三一二一俵に対し三春村（田村郡三春町）が三八八五俵で竹貫村の出荷量を凌駕していたことが明らかとなる。生産地が移動し拡大しつつあったことがわかる[20]。

ちなみに元禄十六年（一七〇三）十二月付「三春たばこ耕作につき達し並びに請書」[21]を見ると、たばこの耕作は耕地の半分までと制限し、残り半分の耕地には穀類を作るようにと、つぎのように指示している。

覚

一未申ノ年たはこ作之儀、当未年之通去午年ノ年迄作候高ノ半分作之、残ル半分之所へハ土地相応之穀類可作之候、若相背候村在之者屹度曲事之由、御料者御代官私領ハ地頭より急度可被申付候、右之趣此方より可申通之由、御老中被仰候間如斯候、去冬御解書之通知相違無様ニ可被申付候、已上

未ノ十二月

右之通被仰付候段、庄屋組頭方より御証文差上申候而、弥前書之通急度相守可被申候、尤被仰付之外作中もの在之候ハヽ、五人組之内より急度可申出候、為其如此御座候、以上

表5　天和4年(1684)〜正徳6年(1716)　境河岸奥州たばこの取扱量

年月日	品　名	数　量	出荷地・出荷人
天和4.1.13	竹貫多葉粉	222俵	竹貫村　弥左衛門
16	〃	166俵	〃　伊兵衛
29	〃	130俵	〃　伝之丞
2.16	〃	184俵	〃　孫兵衛
計		702俵	
貞享2.1.19		173俵	竹貫村　又八
3.24		418俵	〃　伝八
10.23		150俵	〃　権六
12.3		98俵	〃　重右衛門
13		207俵	〃　十左衛門
〃		206俵	〃　佐次右衛門
			〃　助三郎
計		1429俵	
貞享3年計		3463俵	竹貫村全部
元禄17年計		1062俵	竹貫村632俵、三春村430俵
宝永元年計		539俵	竹貫村252俵、黒羽根村287俵
2年計		995俵	竹貫村全部
3年計		5531俵	〃　〃
4年計		628俵	〃　〃
6年計		3979俵	〃　〃
7年計		6956俵	〃　〃
正徳3年計		1839俵	竹貫村1462俵、三春村200俵、松川村177俵
5年計		1844俵	竹貫村1695俵、松川村149俵
6年計		7612俵	竹貫村3121俵、三春3885俵、松川村192俵、石川村44俵
計		3万5005俵	
総計		3万7136俵	

『茨城県史』近世社会経済編1、明和8年境河岸問屋「竹貫多葉粉荷口引請候分書抜帳」p370〜374により作成。

元禄拾六年未十二月廿六日

物右衛門　（印）

（外五十四名連署省略）

（三春町平沢　平沢秀雄蔵）

また、同時代の三春領郡奉行の触書と推定される「三春領煙草売買触書」[22]にはつぎのような記述がある。

一鑑札望之者早々取調可願出候

御領内生産之煙草莫大之儀ニ而、御府内其外遠国迄茂売買ニ相成候所、国産之品他方出不都合等有之候而ハ如何ニ付、此度出荷改申付候、依之心得左之通り

（中略）

一御城下煙草問屋北町荒町より相定、右両町ニ而毎市相揃候事

（傍線筆者）

これらの史料により、元禄時代から三春地方でもたばこの耕作が盛んになり、領外へ移出されるようになりつつあったことが確認される。

こうした東北の在郷商人から江戸方面へ出荷された煙草などの商人荷物の大半は、鬼怒川上流の阿久津・板戸・道場宿などへ運び込まれ、そこから鵜飼船で中流右岸の下総国小森河岸・中村河岸・上山川河岸・山王河岸などまで運漕し、これらの河岸で陸揚げし、それから陸路大木・諸川・仁連・谷貝などの宿場を馬継ぎして境河岸へ運び込まれていたのである。

これらのほか貞享五年（一六八八）には、幕府城米なども鬼怒川左岸の砂山河岸（真岡市カ）から江戸へ廻漕されていたことが、つぎの記録[23]により判明する。

指上ケ申手形之事

一卯之御年貢米、千七拾壱俵弐斗九升九合、当春江戸御城米ニ御廻シ被遊候、納人若旅村次兵衛・粕田村助左衛門・柳林村三左衛門、御米浅草御蔵前迄船積運送、私御請負申、於砂山川岸ニ立合、御米相改、貫目掛廻シ仕、請取、船積仕、於掛船中ニ無油断念を入、猥ニ不仕、浅草御蔵前迄無遅滞運送致、御米相改、掛廻シ仕、右納入三人方へ無相違相渡シ可申候、右之通舟頭水主等ニも堅可申付候、若船中ニて御城米濡申候か、又ハ俵且貫目不足仕候ハヽ、如何程成共濡不足米之分、私弁、急度納人方へ無相違相渡シ可申候、自然風雨仕、船破損仕、御米捨申候ハヽ、早速御注進可申上候、勿論捨米運賃之義ハ、諸事川並ニ埒明可申候、為後日仍如件

貞享五戊辰年正月廿九日

砂山川岸

問屋　伝右衛門（印）

若旅村（真岡市）

請人　次兵衛（印）

雨宮勘兵衛様

（下都賀郡石橋町石橋　伊沢新右衛門家文書）

右によれば砂山河岸問屋伝右衛門は、幕府年貢米一〇七一俵の運漕を江戸浅草蔵前まで請け負っていたことがわかる。

以上が近世前期の鬼怒川上流河岸を中心とした水運と商人荷物江戸廻漕の概況である。

第二章　近世中期 商人荷物の江戸廻漕

第一節　東北地方多葉粉荷物の江戸廻漕ルート

まず、享保二十年(一七三五)正月付の三春町大町の松本家文書「所々駄賃万留」(24)に記載されている「江戸登煙草三貫五〇〇匁入商物当地江戸掛物駄賃共に」により、田村郡三春町から板戸河岸・久保田河岸までのたばこ(多葉粉)荷物の搬送路について紹介してみると、つぎのとおりである(図2参照)。

三春から　　木目沢村　(三春町)
木目沢から　仁井田　(須賀川市)
仁井田から　旗宿　(白河市)
旗宿から　簑沢　(那須郡那須町)
簑沢から　伊王野　(那須郡那須町)
伊王野から　余瀬　(那須郡黒羽町)
余瀬から　蛭田　(那須郡湯津上村)
蛭田から　金枝　(塩谷郡喜連川町)

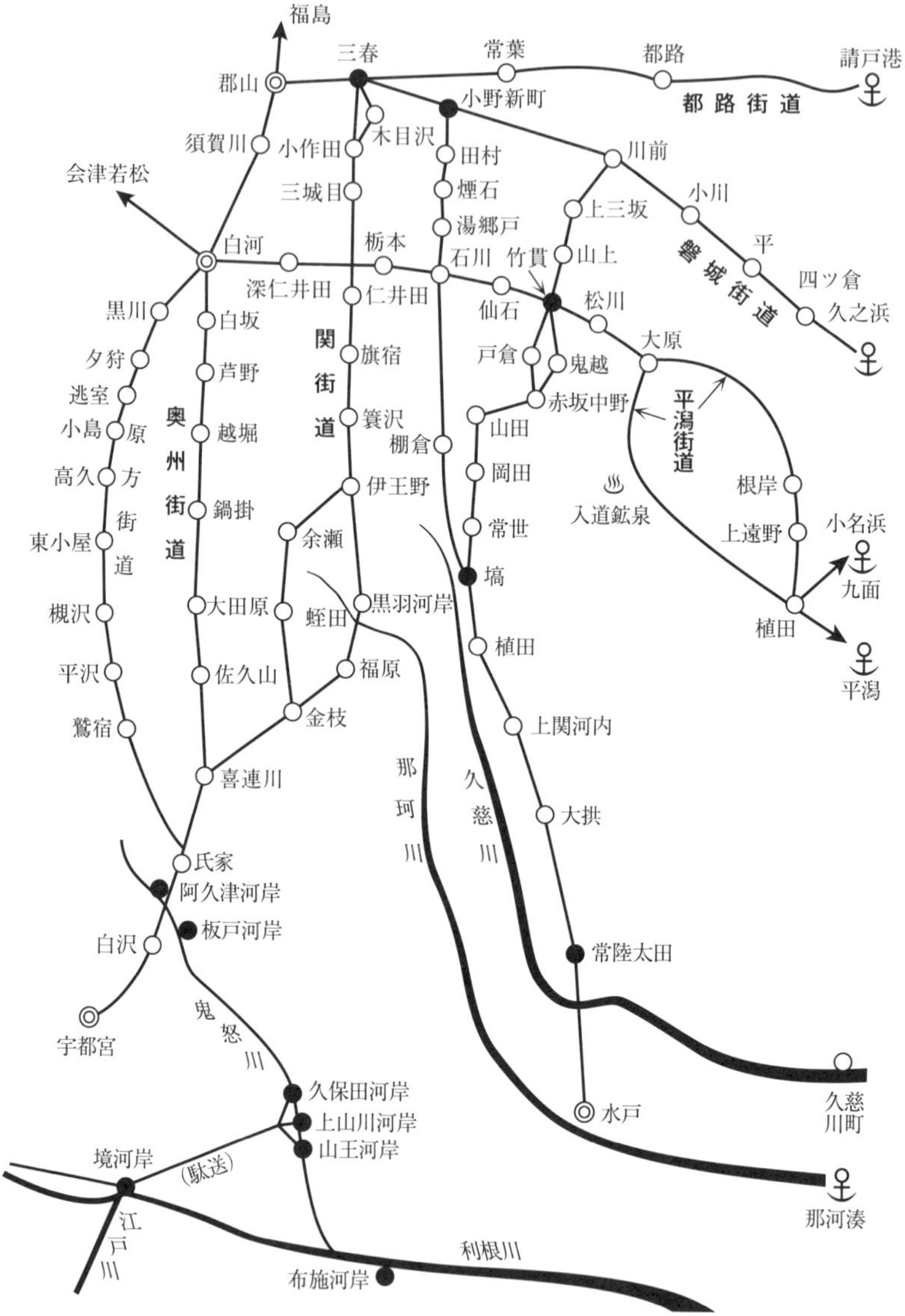

図2　奥州たばこ輸送路

●主な集散・流通関係地

◎主な脇往還継立地

○主な継立地

金枝から　　伏久　　　　（塩谷郡高根沢町）
伏久から　　原　　　　　（塩谷郡塩谷町）
原から　　　板戸河岸　　（宇都宮市）
板戸河岸から久保田河岸（結城市）

また、近世中期頃と推定される奥州道中白川宿問屋常盤彦之助をはじめ一二か宿問屋から久保田河岸問屋・堺（境）河岸問屋あてのつぎの書簡をみると、(25)牛馬の運漕による奥州方面からの荷物が過重となり難儀していた情況が看取される。

一筆致啓上候、秋冷相催候処各様愈御堅勝被成御勤珍重奉存候、然者奥羽両国行下り荷物、近来過貫目相成、牛馬とも及難儀、第一運送方不捗取、自然与増銭無之候而者出馬相進不申延着ニおよび、荷主才領中迷惑者勿論、牛馬持主とも乍難渋之次第度々申出有之、毎度才領中江申談候得者不得止事過貫之荷物持参いたし、無拠軽貫之荷物より附送候様成行歎ケ敷次第奉存候、依之先年取極之通壱駄之荷物四拾貫を限候様いたし度、道中筋御改正ニ付而者、武家方荷物之分も厳重貫目御改有之、右ハ高助郷御仁助之御趣意を以従公辺厚御世話も有之候儀ニ而、猶更商ひ荷物之儀斟酌有之候様いたし度、乍御世話各様ゟ江戸荷物造り問屋中江御引合被下候様いたし度奉頼候、此上不得止事過貫目之荷物有之候得者、駄賃五割増請取候条、其余も急度御懸合被下候、右御頼得御意度如此御座候、恐惶謹言

八月十五日

奥州道中白川宿問屋
常盤彦之助（印）
白坂宿問屋
白坂市之助（印）

芦野宿問屋
戸村武助(印)
越堀宿問屋
藤田源蔵(印)
同
藤田太郎左衛門(印)
鍋掛宿問屋
菊地介之丞(印)
同
大野佑一郎(印)
太田原宿問屋
印南十郎右衛門(印)
佐久山宿問屋
井上勘左衛門(印)
喜連川宿問屋
上野太右衛門(印)
氏家宿問屋
平右六右衛門(印)
阿久津川岸問屋
常盤源太郎(印)

久保田川岸問屋
宮田権兵衛様
宮田久兵衛様
堺川岸問屋
小松原五右衛門様
青木兵庫様

（境・小松原康之助家文書）

なお参考までに、相馬の請戸港（双葉郡浪江町）からたばこを江戸に送り込む海上コースも付記しておく。(26)

相馬請戸ニ而煙草積立入方
一金壱両三分　請戸より銚子迄之運賃夏海ニ而
冬者壱分増

但し拾貫目入百俵之積
外ニ弐分　御役銭壱把ニ付乗掛
四文　浜下賃壱俵ニ付
五文　はしけ賃壱俵ニ付請戸蔵敷
相馬より所々江運賃
一金壱両弐分弐朱（請戸より中ノミなとへ）
但三斗弐升入百俵ニ付
一同弐両壱分弐朱（請戸浜より銚子へ）
夏ハ壱分引
一同三両弐分　　請戸浜より江戸へ
右同断
一同弐両より四両迄　銚子より江戸迄川舟
但シ百石ニ付

それでは、近世中期に入ってから板戸河岸では、どのくらいの商人荷物を取り扱っていたのであろうか。享保十五年（一七三〇）から寛保元年（一七四一）までの板戸上河岸の荷量を紹介してみると表6のとおりで、享保十五年には二万一〇九二駄、寛保元年には二万一九五駄で、これら十二年間の荷量は合わせ二九万一〇七五駄にも達し、相当の商人荷物が東北地方農村から江戸向けに出荷されていたことが確認される(27)。

なお、近世中期の延享三年（一七四六）に鬼怒川下り荷物を取り扱っていた境河岸の商品名と江戸方面への船賃を紹

表6　享保15年(1730)～寛保元年(1741)板戸上河岸荷物取扱量

年　代	荷物取扱量
享保15(1730)	2,1092太2分
16(1731)	2,1995太2分5厘
17(1732)	2,8594太1分2厘
18(1733)	2,5197太8分8厘
19(1734)	2,5564太4分3厘
20(1735)	2,5916太　6厘
元文元(1736)	2,3223太1分9厘
2 (1737)	2,8348太2分
3 (1738)	2,0510太8分
4 (1739)	2,0703太9分
5 (1740)	2,3430太2分5厘
寛保元(1741)	2,1954太4分
	29,1075太7分9厘

『栃木県史』史料編、近世3、p451～452により作成。

介しておくと、表7のとおりである。

これを見ると、真綿・糸・絹をはじめ、紅花・最上蠟・最上青苧・米沢たばこ・坂下たばこ・竹貫たばこなどであったことが明らかとなる。

さらに、東北地方の石川郡竹貫村や田村郡三春町から、どのくらいのたばこが境河岸へ出荷されていたのであろうか。ふたたび明和八年(一七七一)境河岸問屋五右衛門が書き記した「竹貫多葉粉荷口引請候分書抜帳」(28)により、享保六年(一七二一)から十六年までの荷量を抜粋し、紹介してみると左のとおりである。

享保六丑年
一 正月十三日 竹貫多葉粉　三百五拾四俵　三春　忠右衛門
享保七寅年
一 十一月十二日 竹貫多葉粉　百壱俵　三春　仁兵衛
一 十一月廿五日 同　百拾俵　松川　勘兵衛
一 十一月廿九日 同　弐百八拾八俵　同所　長蔵
享保八卯年
一 七月四日 竹貫多葉粉　百八俵　三春　長七

表7　延享3年(1746)　境河岸取扱商品

江戸方面	
品名	船賃
真綿	205文
糸・絹	153文
紅花	129文
最上蠟	105文
最上青苧	105文
米沢同	89文
米沢たばこ	5個85文
坂下たばこ	5個85文
竹貫たばこ	1俵10文3分5厘
小俵たばこ	1俵8文2分5厘
白苧	3俵105文
塗	2俵
町穀物	100俵銀45匁
小間物	1駄129文
木綿	1駄129文
西岡晒	1駄129文
酒	2樽105文
油	2樽129文
紙	4個付105文

鬼怒川方面	
品名	船賃
干鰯	金1分につき50俵割
粕	金1分につき30俵割
糠	同断
部屋・乙女川方面	
干鰯	1俵につき12文
粕	1俵につき18文
塩物	1俵につき18文
古河方面	
干鰯	1俵につき 8文
粕	1俵につき12文
塩物	1樽につき24文

『下総境の生活史』史料編、近世1、p557により作成。

十一月五日	一	同	三拾俵	竹　貫　曾右衛門
		享保九辰年		
正月十四日	一	竹貫多葉粉	弐百廿三俵	三　春　長　七
三春	一	同	弐百三俵	同　所　薗右衛門
七月七日	一	同	弐拾壱俵	仁井町　七郎左衛門
九月廿六日	一	同	百五拾七俵	三　春　伊兵衛
十二月廿七日	一	同	五拾四俵	同　所　戸右衛門
		享保十六亥年		
十二月四日	一	竹貫多葉粉	百弐俵	板　橋　市郎右衛門
十二月四日	一	同	百九拾九俵	松　川　権兵衛

これによると享保六年には三春から三五四俵、享保九年には三春から六三七俵であったことがわかる。また、表8に見られるとおり、寛保三年(一七四三)には三春から三六六〇俵、竹貫村からは二二五九俵で、これらを合わせると五九一九俵の出荷であった[29]。

そして明和二年(一七六五)になると三春からの出荷が五二四俵、同七年には三春からの出荷が三七五俵となり、近世中期以降出荷量がいちじるしく減少傾向を示している[30]。

このような境河岸継由のたばこ荷物の減少は、どうして起こったのであろうか。

この点については、利根川中流右岸に位置する三つ堀村(柏市)の荷物付越し争論に関する安永三年(一七七四)十一月付の境河岸問屋五右衛門から奉行所あての願書[31]を左に紹介してみることにしたい。

表8　寛保3年(1743)～明和7(1770)　竹貫たばこ出荷量

出荷年	出荷地別荷量	合計
寛保3(1743)	三春村3660俵　竹貫村2259俵	5919俵
延享元(1744)	竹貫村722俵	722俵
〃　2(1745)	竹貫村260俵　三春村1634俵　仁井町402俵	2296俵
〃　4(1747)	小平村463俵　仁井町303俵　三春村568俵　竹貫村741俵	2176俵
〃　5(1748)	竹貫村364俵	364俵
寛延元(1748)	竹貫村519俵　三春村714俵	1233俵
〃　4(1751)	竹貫村199俵	199俵
宝暦2(1752)	仁井町574俵　竹貫鎌田村317俵　三春村384俵	1275俵
〃　3(1753)	三春新館170俵　仁井町535俵	705俵
〃　4(1754)	三春村829俵	829俵
〃　5(1755)	三春村446俵	446俵
〃　13(1763)	竹貫村122俵	122俵
明和2(1765)	三春村524俵	524俵
〃　5(1768)	三春村109俵	109俵
〃　7(1770)	三春村375俵	375俵

『茨城県史料』近世社会経済編1、p374～376により作成。

乍恐以書付奉申上候

下総国猿嶋郡境町名主問屋五右衛門奉申上候、当町之儀日光脇往還ニ而宿場相勤、私并兵庫両人にて、宿問屋河岸問屋共兼帯仕罷在候ニ付、先達而船問屋株御運上御吟味之上猶又此度被召出、当十三日増方御吟味奉請、口書印形奉差上一同帰村被仰付候、然処当河岸川下同国三ツ堀村之者共も其砌御呼出有之見請候付、此節河岸場一統御吟味之時節ニ御座候得者、若又河岸問屋船揚等之儀奉願候御儀ニも可有御座哉、左候而者当河岸者勿論境通り六ケ宿一同之差障ニ罷成候付、先年ゟ右村方ニ不限川通之内右躰之儀相企候村々も有之候得共、其度々私共宿々差障之趣意相立御裁許并内済証文等有之、決而河岸問屋船揚附越等不相成村方ニ御座候間、左様之御願筋ニも御座候ハヽ、早速帰村仕六ケ宿一同相談之上証拠書物等持参仕、差障之趣委細奉申上度奉存候、依之此段乍恐御窺奉申上候、以上

安永三午年十一月十六日

久世出雲守領分
下総国猿嶋郡境町
名主
問屋　五右衛門

御奉行所様

（境・小松原康之助家文書）

これは利根川右岸の三つ堀村との荷物付け越し出入りの訴訟文書であるが、このような荷物付け越し出入りは、天和二年（一六八二）以来、木野崎村（柏市）や大室村（同上）と、境河岸・谷貝町・仁連町・諸川町・上山川村などの間で、たびたび争論が繰り返し行われていたのである。

この点については時代はやや下がるが、天明五年（一七八五）六月付の境河岸問屋五右衛門から奉行所に差し出した左の嘆願書(32)を見ると、なお一層明瞭となるであろう。

乍恐以書付奉申上候

下総国猿嶋郡境河岸惣代問屋組頭百姓代奉申上候、此度江戸川通え荷物附越願人有之候ニ付、私共被召出差障有無御糺ニ付、先規より右川筋え右体之儀出来仕候ては、連々境通り荷物相減及難儀候ニ付、度毎及出入御裁許も有之又は及内済、其上是迄度々御益筋申立願人有之節も　御奉行所様え被召出御糺御座候え共、私共并境通り宿々難儀之趣御聞済被成下、願差止ニ相成罷在候処、又々此度願人有之御糺奉請一同奉驚入候、尤御慈悲を以私共難儀ニも不相成様趣意相立候ハヽ、

（中略）

風雨船待之間、数日旅籠屋ニ逗留仕候ものも出来候えハ、何角ニ付所之潤ひ渡世ニ相成候儀数多有之候処、荷物相減候てハ所一統之経営も相減し、且又当河岸船数百弐拾艘程有之川船、御役所え相納候御年貢役銀百五拾両程、河岸問屋御運上永弐貫五百文、領主え舟運上四拾両程、河岸運上永三貫文、皆以荷物運送助成を以相納候処、附越ニ付荷物相減候ては右上納ニ差支、尤運賃等之儀江戸運送之賃銭は平均を以被余荷候ても、出荷物相減遊船ニて差置候えは、江戸より下り荷物運賃請取候助成無之、駄賃稼之もの迚も同様ニて、全荷物相掛り候ニ

付、

（中略）

其上近年は別て奥筋御大名様方御家中并御荷物夥敷御継立被仰付候えとも、助郷村迚も無御座、皆以当所諸荷物助成を以御継立仕候えは、何卒右之逸々御勘弁被成下、先規之通御差置被下置、大勢之もの共相助候様偏御慈悲奉願上候、尚御尋之儀は乍恐口上可奉申上候、已上

天明五巳年六月　　久世隠岐守領分

下総国猿嶋郡境河岸

百姓代兼

問屋　五右衛門印

（傍線筆者）

なお、このような利根川右岸からの荷物の陸揚げ付け越しは、木野崎村よりさらに下流の後述の布施河岸からも享保期以降盛んに行われるようになったのである。

たとえば、布施村の宝暦十年（一七六〇）から明和六年（一七六九）までの「十か年分諸荷物惣高帳」[33]から、宝暦十二年分の荷物取扱量を抜粋し紹介してみる、とつぎのとおりである。

午

一大山田四万千八百廿五俵

太〆三千弐百十七太（駄、以下同）三分

一紙三千五十弐固（箇、以下同）

太〆七百六十三太

一竹貫三千三百八十五俵
　太〆三百三十太八分五厘
一切粉千四百三十九固
　太〆弐百五十太五分七厘
一玉四百八拾六表（俵）
　太〆弐百四十三太
一たまご弐百九十四箱
　太〆七十三太五分
一たばこ入六百五固
　太〆百六十弐太五分
一塩物干物〆千百五拾九太
一生千弐百八十弐太
一鱣三百八拾四太
一蓮こん百六十八固
　太〆廿八太
　〆七千八百九十五太三分

以上のとおり近世中期に入ってから、北関東の大山田たばこや、東北地方農村から出荷された竹貫たばこをはじめ、玉子などの諸荷物が、境河岸を経由せずに利根川右岸の布施河岸などへ陸揚げされ、江戸へ廻送されるようになったのである。その画期は享保期に入ってからと布施河岸問屋記録に記されている。そこでさらに境河岸問屋記録により、近世中期以降の商人荷物江戸廻漕の実態について、第二節で改めて述べることにしたい。

第二節　元文二年境河岸の江戸廻漕商品

1　紅花・蠟・漆の取扱高

総州境河岸の問屋が記録した元文二年(一七三七)の『大福帳』(八月～十二月)により、東北・北陸地方商人の主要な江戸廻漕商品であった紅花の輸送量を調べてみると、表9のとおりであった。(34)駄数総量は九三駄(太)と二俵で、その出荷地と出荷量を調べてみると、仙台(宮城)が一九駄、三春(福島)が一三駄、白石(宮城)が一二駄、金ヶ瀬(宮城)が五駄、それに福島が四駄、最上(山形)が二駄であった。

これらの紅花はいずれも江戸商人へ送られていた物であるが、商人名などの記載はなかった。

つぎに蠟荷物についてみると、江戸へ廻漕された全荷量は表10のとおり四〇五・五駄一九七個で、紅花よりもかなり多かったことがわかる。

その出荷地は会津からが一八〇駄と四七個でもっとも多く、つぎが最上(山形上ノ山)が一五五・五駄、それに須賀川(福島)が三駄などであった。

それから蠟の原料となる漆の取扱高を出荷地別にまとめてみると表11のとおりで米沢が二九駄半と二個、会津が二二駄と二個、山形が一一駄、最上が四駄と四桶、それに越前(福井)が二駄と七桶・五個であった。これらの全荷量は

表9　元文2年(1737)8月～12月　境河岸紅花取扱高

月日	駄数	出荷地	商人名	船頭	備考
8.10	1太	三春(福島)	市郎兵衛	半右衛門	
15	1太	〃	利右衛門	利三郎	
20	3太	〃	林兵衛	半右衛門	
9.3	15太	仙台村田	大沼与四郎外2人	利三郎	
4	29太	〃	庄助・長兵衛	小兵衛	
14	7太	白石(宮城)	惣大	〃	
〃	2太2俵	最上上ノ山(山形)	金之丞	〃	
26	8太	〃	斎藤茂右衛門外1人	藤三郎	
27	1太	三春	半右衛門	藤助	
28	5太	〃	伊兵衛	茂右衛門	
10.10	4太	仙台金ヶセ	仁四郎外1人	清七	宗道かし船
29	3太	白石北町	吾妻伊三郎連1人	藤三郎	
11.14	4太	福島	惣兵衛	小兵衛	糸荷と一緒
21	1太	金ヶ瀬(宮城)	孫七	〃	
〃	4太	〃	小兵衛	〃	
閏4.3	2太	白石	足立惣太	権兵衛	
8	2太	三春	孫八	藤四郎	
29	1太	最上	十内	小兵衛	
計	93太2俵				

紅花産地別出荷高

仙台	19太
三春(福島)	13太
白石(宮城)	12太
金ヶ瀬(〃柴田郡)	5太
福島	4太
最上(山形)	2太

表11　元文２年(1737)８月～12月　境河岸漆取扱高

月日	駄数	出荷地	商人名	船頭	備考
8．6	2太	最上(山形)	源七	茂右衛門	
10	2桶	越前(福井)	伝十郎	半右衛門	
12	2太2個	米沢(山形)	万四郎	藤三郎	
〃	6太	〃	忠兵衛外１人	〃	
18	3太	〃	忠右衛門	弥七	
9．4	2太	最上	伝右衛門	市右衛門	
17	1桶	越前	彦兵衛	茂右衛門	
18	2太2個	会津(福島)	平之丞	弥七	
20	2個	越前	仁兵衛	半右衛門	
25	7太	米沢	高梨忠兵衛外１人	藤三郎	
27	2太半	〃	庄三郎	藤助	
10．4	2太	〃	万四郎	半右衛門	
〃	1太	越前	伝重郎	〃	
15	3桶	〃	仁左衛門外２人	小兵衛	
22	2個	日本橋	儀兵衛	半右衛門	
28	2太	〃	中村仁兵衛	〃	
29	3個	越前	甚九郎	小兵衛	
11．2	1太	〃	伝十郎外１人	利三郎	
9	2太	米沢	高梨忠兵衛	新五兵衛	
10	2個	〃	常右衛門	藤三郎	
14	3太	米沢	佐藤長兵衛	庄兵衛	
24	2太2個	高畑(山形西村山郡)	万四郎	藤四郎	
25	1太	米沢カ	彦四郎出常右衛門	半右衛門	
閏11．3	20太	会津	佐原惣右衛門	権兵衛	
5	11太	山形	八内	半右衛門	
8	1太	米沢新宿	源五郎	藤四郎	
11	2桶	(越前)	仁兵衛	藤五郎	
12	4桶	最上	弥右衛門	利三郎	
計	72.5太12桶15個				

漆産地別出荷高

米沢(山形)	29太半　2個
会津(福島)	22太　2個
山形	11太
最上(山形)	4太　4桶
越前(福井)	2太　7桶　5個

船頭	備考
茂右衛門	
〃	
〃	
半右衛門	
板兵衛	
藤三郎	
新田喜平次	
半右衛門	
小兵衛	
藤三郎	
〃	
半右衛門	
〃	
判三郎	
小兵衛	
弥七	
藤四郎	
清七	宗道かし
八兵衛	
権兵衛	
藤四郎	
忠四郎	
谷貝かし平　外２名	
紋右衛門	
茂右衛門	
小兵衛	
権四郎	
前三郎	
弥七	
小兵衛	
権兵衛	
半右衛門	
前四郎	
前三郎	
茂平次	
紋右衛門	
前三郎	
〃	
〃	
茂右衛門	
前四郎	
前二郎	
利三郎	
｝小兵衛	
茂平次	
仙右衛門	
小兵衛	
新田喜平次	
〃	

（蠟産地別出荷高）	
会津	180太47個
最上（山形上ノ山）	155.5太
米沢	29太
山形	16太
須賀川（福島）	3太
宮城	30個
福島（伊賀野）	21個
喜多方（福島）	13個

表10　元文２年(1737) ８月～12月　境河岸蠟荷物取扱高

月日	駄数	出荷地	商人名	江戸商人名
8．6	8太	会津	星弥七	
〃	4太	〃	長谷川喜代次衛門	
〃	8太	〃	藤三郎	
10	6太　3個	〃	権七	
17	16太　2個	〃	市之丞	
19	29太　1個	会津宮野下	市右衛門	
27	5太	湯本村(上山市)	小林惣重郎	
29	10太	最上上ノ山	いせや喜兵衛	
9．14	1太半	〃	金之丞	
16	3太　2個	会津	市兵衛	
〃	2太　3俵	〃	平四郎	
20	4太　3俵	〃	長谷川五郎右衛門	
〃	13太　2俵	〃	天野太次右衛門	
25	5太	記述ナシ	ナシ	
10．3	11太　1個	会津	押部丹五郎	
5	3太	〃	長谷川太七	
6	24個	〃	渡部禎右衛門	
10	15太	高畑領前宿村	嶋津や弥七	
15	45個	最上	山田利兵衛	
25	12太	会津	目黒弥兵衛	
29	21個	保原伏黒	富田佐四郎	4名アリ
〃	1太(3俵)	会津南町	大吉	
11．9	10太	会津	天野七兵衛	
〃	17太	会津	佐原次右衛門	
〃	15太	米沢	戸田弥七	
14	11太	南部	宮本善五郎	
17	20太	最上	山田利兵衛	
20	30個	金ヶ瀬(宮城県柴田郡)	喜三郎	
23	3個小付１つ	白川	萬屋三七	
29	9個	会津	松崎勘六	
閏11．3	20太	山形	佐原惣右衛門	
5	11太	米沢新宿	八内	
8	1太	最上	源三郎	
9	15太	〃	早坂平十郎外	
〃	8太	会津	鈴木清三郎	
13	12太	最上寒河江(寒河江市)	飯塚次兵衛	さかいや庄三郎
17	10太　2個	米沢	大久保宇兵衛	
〃	13太	明川最上	竹田栄吉	
〃	6太	塗(喜多方市)	佐竹万四郎	
19	13個	山形	勘兵衛	鹿沼や吉郎兵衛
20	5太	最上	桜井前助	
12．1	角蠟23個	会津	勘兵衛	
7	6個	伏黒(伊達市)	伊右衛門	
10	7太	白川	冨田佐四郎	
〃	1太	最上五百川	元右衛門	
11	19太	(山形県最上郡)	佐藤平右衛門	
14	3太	須か川中村	喜右衛門	
25	44太	最上	山田利兵衛	
27	2太　3個	不明	雪田長之丞	
〃	2太　1個	〃	小島忠三郎	
計	405.5太197個			

七二・五駄と一二桶・一五個となる。

2　真綿・糸・絹の取扱高

まず真綿の取扱高についてみると表12に示したとおりで、総量は五〇・五駄と八個であった。これを出荷地別にまとめてみると、福島（信夫郡）がもっとも多く三四・五駄と四個であった。つぎが深川（伊達郡）の六駄、そのつぎが保原（伊達郡）の四駄と二個などで、いずれも福島の信達（信夫郡と伊達郡）地方であった。

ちなみに元文三年（一七三八）六月の現郡山市三穂田町の養蚕家の記録を抜粋してみると、つぎのとおり記されている。(35)

子ノ年まゆ代金
一金弐十両弐分弐朱八百弐分（太田山三郎分）
一弐分弐朱　七升五合
〆廿壱両壱分八百弐文
内
百六十匁かし
一糸九百五拾弐匁　本宮売
代五両三分七百八拾分
七月九日
一糸六百七拾五匁　二本松へ出

見られるとおり、郡山の養蚕家が信達地方の本宮町（安達郡）や二本松、それに須賀川の商人に売り渡していたことがわかる。

つぎに糸荷について境河岸問屋の取扱高を出荷地別にまとめてみると、福島が二五・五駄と二個、三春が四駄、西方村（大沼郡三島町）が二個、小浜（二本松）が二個であった。

さらに絹荷についてみると、福島が二駄と三個、保原（伊達郡）が二個となっている。

それから元文二年の境河岸問屋の『大福帳』の記録で注目されるのは、東北地方から玉子が出荷されるようになったことである。

その出荷地別荷量をまとめてみると表13のとおりで、仙台が一四駄と四六個、須賀川が一〇駄と三六個、三春が二二駄と二〇個であった。

それから元文二年の『大福帳』で注目されるのは、福島の会津や山形の米沢から塗り荷（漆器）が江戸へ送られるようになったことである。その実態をまとめたのが表14である。その取扱量は全部で一七駄と三三一個で、そのうち五駄と三二七個が会津で、一二駄と七個が米沢からの出荷であった。

つぎに注目したいのは、元文二年の『大福帳』に見る表15の諸品である。そのうち主なものは木楽一四駄と三三俵・四個、南部紫（染料）三八駄半、そのほか鍬荷（農具）・銅・銭などで、多彩な物資が東北地方から境河岸を経由して江戸へ送られていた。

月日	品名	駄数	出荷地	商人名	船頭	備考
10.13	真綿	1太	二本松	彦兵衛	藤次郎	
15	〃	1太	保原(福・伊達郡)	熊坂四郎右衛門	小兵衛	
〃	糸	2個	ふく嶋	崎蔵三右衛門	〃	
〃	絹	1個	〃	〃	〃	
〃	糸荷・絹	4太	〃	甚四郎	〃	
18	真綿	1太	仙台	能登や大之助	利三郎	
19	糸荷	2太	福嶋	佐次郎	権兵衛	
21	絹糸	2太		角屋喜代大	藤三郎	
22	糸荷	2太	三春(福島)	善八	半右衛門	
23	絹荷	1太	福島	小幡清四郎	弥七	乗下げ
〃	真綿	1太	〃	三郎右衛門・八右衛門	〃	
26	〃	1太	岡田町(福・相馬郡)	小右衛門	藤四郎	
〃	絹糸	1太	ふく嶋	勘兵衛	〃	
〃	真綿	1太	〃	〃	〃	
11. 5	〃	1太	三春	忠蔵・七郎兵衛	〃	
9	〃	1太	保原・中村町	十郎兵衛	紋右衛門	
10	〃	1太	保原	孫十郎	〃	
〃	きぬ	2個	〃	名護七郎	藤三郎	
〃	糸荷	4太(－2個)	福島	惣兵衛	小兵衛	紅花と一緒
16	真綿	2太	最上(山形)	星野安兵衛	藤次郎	
〃	糸荷	2個	小浜(二本松市)	久四郎	藤四郎	
24	ま綿	2個	三春	佐久間伝右衛門	半六	
27	絹	1太	ふくしま	甚三郎・小兵衛	権兵衛	
29	真綿	4個	〃	松崎勘方	小兵衛	
11.27	糸荷	1太	三春	半右衛門	茂平次	
29	糸荷	1太	福島	三右衛門	小兵衛	
〃	真綿	2太	尾羽沢(山形市)	阿倍半右衛門	〃	
12. 7	〃	2太	梁川(福・伊達郡)	十次郎	利三郎	

品目別産地別出荷高

(真綿計)	
福島	34太半4個
深川	6太
保原	4太　2個
三春	2太　2個
郡山	1太
桑折	1太
小浜町	1太
二本松	1太
	50太半8個

(糸荷計)	
福島	25太半2個
三春	4太
西方村(木場郡)	2個
小浜(大沼松)	2個

(絹荷計)	
福島	2太　3個
保原(伊達郡)	2個

表12　元文２年(1737) ８月～12月　境河岸真綿・糸・絹取扱高

月日	品名	駄数	出荷地	商人名	船頭	備考
8．6	真綿	2太	福島	太右衛門		
〃	糸荷	1太半	〃	〃		
〃	真綿	1太	梁川(福･伊達郡)	喜左衛門		
10	〃	1太	郡山	忠右衛門		
〃	〃	4太	仙台	徳右衛門		
12	〃	1太	桑折(伊達郡)	理左衛門		
〃	〃	2太	福島	惣十郎		
17	〃	3太	〃	佐次郎		
〃	糸	1太	〃	〃		
〃	真綿	4太	南部(岩手県)	権七		
18	〃	3太	〃	藤四郎		
19	真綿	3太	ふく嶋	又助	小兵衛	
〃	〃	2太	福島	勘兵衛	〃	
25	〃	1太	保原(伊達郡)	小四郎	弥七	
27	〃	小荷2個	山形	鈴木清三郎	喜平次	
29	〃	2太	ナシ	平兵衛	半右衛門	
〃	糸荷	1太	ナシ	半四郎	〃	
9．4	真綿	2太	南部	平七	半六	
〃	〃	2太	福島	岩野文平	藤四郎	
8	〃	3太2個	ナシ	渡部八右衛門	藤三郎	
〃	〃	3太	福島	木村太左衛門	〃	
〃	糸	1太	〃	〃	〃	
11	糸荷	3太	〃	勘四郎	茂右衛門	
〃	真綿	2太	〃	〃	〃	
14	糸荷物	1太	三春(伊達郡)	松木善八	小兵衛	
〃	真綿	1太半	最上　上ノ山	金之允	〃	
〃	〃	1太	南部	権七	〃	
〃	〃	2太半	福島	佐次郎	〃	
〃	維荷	2個	〃	〃	〃	
〃	糸荷	2個	西方村(福･大沼郡)	五郎左衛門	〃	
15	真綿	1太	梁川(伊達郡)	喜左衛門	孫兵衛	
16	〃	2太	南部	権四郎	藤三郎	
20	糸荷	3太半	福島	角屋善兵衛	半右衛門	
27	真綿	1太	三春	半右衛門	藤助	
28	〃	2太	福島	亦助	茂左衛門	
29	〃	1太	〃	半四郎	権兵衛	
〃	糸荷	3太	〃	〃	〃	
10．3	真綿	3太	〃	平助	小兵衛	
4	〃	3太	〃	〃	〃	
〃	〃	2太	〃	太左衛門	半左衛門	
〃	糸	1太	〃	〃	〃	
11	真綿	1太半(6個)	〃	上州屋伝右衛門	利次郎	
〃	〃	2個(太カ)但6個	梁川	利右衛門	〃	
12	〃	1太	小浜町(福･原町市)	市兵衛	茂右衛門	

表13　元文２年(1737)８月～12月　境河岸玉子取扱高

年月日	駄数	出荷地	商人名	船頭	備考
8.12	4太	仙台	庄蔵	藤三郎	
19	16個	三春(田村郡)	五右衛門	藤五郎	
27	3個	保原(伊達市)	長重郎外１人	喜平次	
10.21	3太	仙台	小五郎	藤五郎	
23	1太	小浜(福・いわき市)	伝十浪	弥七	
閏11. 8	4個	仙台	太郎兵衛	藤四郎	
11	3太	須賀川	近江や里右衛門	藤五郎	
12	4太	仙台	吉郎兵衛	利三郎	
17	7太	須賀川	次助	藤五浪	
〃	6太　4個	三春	山田茂右衛門	〃	
〃	6太	〃	〃	弥七	
23	34個	仙台	川澄市郎右衛門	〃	
24	8個	〃	五郎八	半右衛門	
27	5太	三春	善次郎	茂平治	
12. 1	5太	〃	弥兵衛	藤次郎	
2	7太	本ミや(安達郡)	弥四郎外１人	藤三郎	
19	3太	仙台	弥兵衛	小兵衛	
21	36個	須賀川	弥太郎	半右衛門	
計	41太105個				

玉子産地別出荷高

仙台	14太46個
三春(田村郡)	22太20個
須賀川	10太36個
保原	3個

表14　元文2年(1737)8月～12月　境河岸塗り荷取扱高

年月日	品名	駄数	出荷地	商人名	船頭	備考
8．7	ぬり	62個	会津	甚助	権兵衛	
29	塗荷物	26個	〃	渡辺新兵衛	半右衛門	
9．11	塗	4個	米沢	善右衛門	茂右衛門	
〃	〃	16個	会津	吉右衛門	〃	
17	〃（小付とも）	30個	〃	喜兵衛	〃	
10．12	ぬり	8個	〃	菊地武左衛門	〃	
24	〃	6個	会津若松	小松屋歯八	利三郎	
11．9	〃	10個	会津	天野十兵衛	〃	
16	〃	5太	〃	久右衛門	藤四郎	
21	塗	3個	〃		小兵衛	
25	ぬり	12太	米沢	善右衛門	半右衛門	
28	〃	4個	会津	茂兵衛	利三郎	
12．1	塗	2個	〃	万屋清七	藤次郎	
5	ぬり	24個	〃	吉右衛門	甚三郎	小見川船
7	〃	56個	〃	甚助	利三郎	
〃	〃	56個	〃	〃	惣七	
8	〃	6個	〃	〃	藤五郎	
12	塗荷	24個	〃	桂林寺町渡辺甚兵衛	半右衛門	
19	ぬり	4個	〃	佐五右衛門	小兵衛	
計		17太331個				

塗り荷産地別出荷高

会津	5太327個
米沢	12太　7個

表15　元文2年(1737)8月～12月　境河岸諸品取扱高

年月日	品名	駄数	出荷地	商人名	船頭	備考
8.15	木薬	2太	仙台	嘉右衛門	利三郎	
17	〃	2太	会津	仁平次	藤四郎	
19	麻	9個	会津宮野下	市左衛門	藤五郎	
27	木綿かっぱ包	1つ	山形	鈴木清三郎	半右衛門	
9.4	もくさ	3太	会津	惣助	小兵衛	
5	木薬	23俵	〃	善兵衛	権兵衛	
14	〃	1太	南部(岩手)	権七	小兵衛	
17	鍬荷	10個	たなくら(西白川郡)	伝兵衛	弥七	
〃	塗小付とも	30個	会津	喜兵衛	茂右衛門	
20	茶花	1太	三春	清兵衛	半右衛門	
10.3	会津荷物	9太	会津	渡部十右衛門	小兵衛	
6	ぜんまい	8個	〃	渡部忠右衛門	藤四郎	
12	ぬり	8個包	〃	菊地武左衛門	茂右衛門	
24	南部紫(染料)	27太半		高橋善右衛門	小兵衛	
26	木薬	3太	二本松	弥之助	藤四郎	乗下げ荷物
11.2	たばこ	5個	越前	伝十郎外1人	利三郎	
14	南部紫	11太	南部	宮本善五郎	小兵衛	
16	木薬	2太3個	会津	仙右衛門	藤四郎	
〃	もくさ					
〃	〃	2太	〃	久右衛門	〃	
25	小間物	1太	米沢	善右衛門	半右衛門	
閏11.17	銭	4太	須賀川	次助	藤五郎	
〃	〃	8太	〃	喜四郎	〃	
12.2	鹿皮	3個	会津	平助	藤三郎	
3	銭	9太	須か川	内藤伝六	弥七	
10	〃	11個	伏黒(伊達郡保原町)	冨田佐四郎	小兵衛	
13	〃	10太	須か川	半四郎	利三郎	
〃	古銅	2太	〃	〃	〃	
〃	銭	9太	〃	〃	〃	
19	木物	4個	会津	佐五右衛門	小兵衛	
21	銭	12個	須か川	弥太郎	半右衛門	
〃	銅貨	4個	〃	〃	〃	
〃	鹿皮	12個	白川	伊平	〃	
25	木薬	6太	仙台	長吉	小兵衛	
28	銭	20個	保原(伊達郡)	長十郎	茂平次	
〃	銅	8個	〃	〃	〃	
〃	箱荷	4つ	〃	〃	〃	

第三節　明和六・七年境河岸の江戸廻漕商品

1　真綿・糸・絹等の取扱高

本項では、近世中期の明和六年（一七六九）八月から七年四月にかけての境河岸問屋『大福帳』(36)の記録により、東北地方農村から江戸向けに出荷された商人荷物の動向について紹介してみることにしたい。

まず最初に真綿・糸・絹などの取扱高を年月日順にまとめてみると、表16のとおりである。

これを見ると、真綿が九八駄と一七六個、糸荷が一七五・五駄と二〇四個などで、相当の出荷量があったことが明らかとなる。その荷量を出荷地別にもとめてみると、福島が三〇駄と三七個、仙台が七駄、二本松が五駄半で、福島が圧倒的に多かったことがわかる。

また、出荷地の商人名を調べてみると産地の商人ではなく、嶋屋・十一屋・十七屋などの飛脚問屋が大半を占めていたことが注目される。

そこで参考までに、安永二年（一七七三）道中三度飛脚宿幷取次所の記録から、日光道中、奥州取次所の記録を抜粋してみるとつぎのように記されている(37)。

奥州飛脚定日

朔日　十一日　廿一日　十七屋孫兵衛

五日　十五日　廿五日　嶋屋佐右衛門

日光道中・奥州取扱所

表16　明和６年(1769) ８月～７年４日　境河岸真綿・糸・絹等取扱高

年月日	品名	駄数	出荷地	商人名	船頭
明和６．８．13	真綿	2太	二本松	十七屋儀兵衛	太郎左衛門
〃	糸荷	3太	〃	〃	〃
23	真綿	3太	仙台角田	加藤源六	弥吉
29	〃	3太 1個	福島	留兵衛	弥五左衛門
〃	〃	3太	〃	善四郎	〃
〃	真絹	3太 1個	〃	円右衛門	〃
〃	糸絹	4太 3個	〃	佐兵衛	〃
9．1	真綿	3太	〃	伊三郎	権左衛門
5	〃	11個	不明	嶋屋忠兵衛	藤三郎
〃	糸荷	17個	〃	〃	〃
〃	真綿	1太	〃	渡部喜八	〃
〃	木綿	3太	〃	〃	〃
〃	真綿	21個	〃	三嶋伝次郎	市平
〃	糸荷	17個	〃	〃	〃
〃	真綿	8個	〃	十七屋与太郎	〃
〃	糸荷	16個	〃	〃	〃
8	真綿	14個	〃	嶋屋佐治郎	弥五左衛門
〃	絹織・糸荷	18個	〃	〃	〃
〃	真綿	16個	〃	十七屋	〃
〃	糸荷	13個	〃	〃	〃
〃	真綿	20個	〃	南部山田伊兵衛	〃
10	糸荷	6太	二本松	儀三郎	惣兵衛
〃	真綿	2太	不明	嶋屋善兵衛	〃
〃	糸荷	2太 2個	〃	長五郎	〃
〃	真綿・綿	4太	〃	〃	〃
11	真綿	4太	〃	十一屋久兵衛	権右衛門
〃	糸荷	3太	〃	〃	〃
12	真綿	} 1太 3個	〃	嶋屋金治	太郎左衛門
〃	糸荷				
15	真綿	3太	〃	〃	弥吉
〃	糸荷	5太	〃	〃	〃
18	〃	1太	〃	嶋屋留五郎	弥五左衛門
〃	真綿	15個	〃	嶋屋善四郎	〃
20	真綿	5個	不明	十一屋源助	藤五郎
21	〃	2太	〃	〃	惣兵衛
〃	糸荷	5太	〃	十一屋清太郎	〃
〃	真綿	1太	〃	渡部太兵衛	〃
〃	木綿	3太	〃	〃	〃

(表16-2)

年月日	品名	駄数	出荷地	商人名	船頭
明和6.9.24	真綿	2太 1個	〃	嶋屋勘兵衛	権右衛門
〃	糸荷	4太 3個	〃	〃	〃
〃	真綿	1太 3個	〃	十一屋兵吉	〃
〃	糸荷	6太 1個	〃	〃	〃
〃	真綿	2太 2個	〃	伊三郎	〃
27	〃	10個	〃	嶋屋	太郎右衛門
〃	糸荷	14個	〃	〃	〃
〃	真綿	3太	〃	十一屋円右衛門	弥五左衛門
〃	糸荷	4太	〃	〃	〃
10.1	真綿	14個	〃	十一屋太右衛門・与四郎	〃
〃	糸荷	11太	〃	〃	〃
〃	真綿	3太	〃	十一屋円右衛門	弥五右衛門
〃	糸荷	4太	〃	〃	〃
4	〃	4太半	〃	嶋屋忠兵衛	源左衛門
〃	真綿	1太半	〃		〃
9	〃	3太半	二本松 吉右衛門	吉右衛門	佐五平
10	〃	3個	福島	源助	弥五右衛門
〃	糸荷	6太 1個	〃	〃	〃
〃	真綿	1太 3個	〃	佐次郎	〃
〃	〃	6太 1個	〃	〃	〃
12	糸館包	1つ	せんだい	染谷武右衛門	兵左衛門
〃	真綿	1個	福島	久兵衛	〃
16	〃	1太	不明	嶋屋喜四郎	源右衛門
〃	糸荷	8太	〃	〃	〃
17	真綿	1太	〃	十一屋清太郎	惣兵衛
〃	糸荷	2個	〃	〃	〃
21	真綿	3太	福島	大沢孫兵衛	佐五右衛門
〃	糸荷	1太	〃	〃	〃
23	真綿	3太 2個	〃	越後屋五兵衛	権左衛門
〃	糸荷	1個	〃	〃	〃
26	真綿	4太	仙台　角田	加藤新助	藤五郎
27	〃	2太	不明	嶋屋庄助	〃
〃	糸荷	3太	〃	〃	〃
〃	真綿	3太	〃	嶋屋勘兵衛	太平太
〃	糸荷	4太	〃	〃	〃
11.2	真綿	1太 2個	〃	三島伝次郎	庄右衛門
〃	糸荷	4太 2個	〃	〃	〃

（表16-3）

年月日	品名	駄数	出荷地	商人名	船頭
明和6.11. 7	真綿	3太 1個	〃	嶋屋忠兵衛	前三郎
〃	糸荷	3太 3個	〃	〃	〃
9	糸荷	5太	〃	十七屋家兵衛	弥三左衛門
〃	真綿	2個	〃	嶋屋留兵衛	〃
〃	糸荷	5太 2個	〃	〃	〃
〃	真綿	1太	〃	十一屋与四郎	〃
〃	糸荷	1太	〃	〃	〃
18	真綿	3太	〃	十一屋久兵衛	多平太
〃	糸荷	4太	〃	〃	〃
20	真綿	2太	福島	善兵衛	佐三右衛門
28	糸荷	8太	不明	十一屋太右衛門	〃
〃	糸荷	2太	〃	嶋屋源兵衛	〃
12. 1	糸荷	6太	〃	嶋屋惣兵衛	権右衛門
4	糸荷	5太	〃	十一屋源助	惣兵衛
〃	〃	2太	〃	福嶋屋半三郎	〃
8	真綿	2太	〃	十一屋兵吉	藤五郎
〃	糸荷	7太 2個	〃	〃	〃
24	真綿	2太	〃	嶋屋庄助	市郎兵衛
26	絹荷	1個	〃	嶋屋畄兵衛	又左衛門
明和7. 1.12	糸荷	6太	〃	十一屋喜八	惣兵衛
〃	真綿	2太	〃	十一屋清太郎	〃
〃	糸荷	4太	〃	〃	〃
〃	糸荷	2太	〃	嶋屋半文	〃
16	糸荷	3太	〃	嶋屋忠兵衛	源右衛門
20	真綿	3個	福島	武兵衛	多兵太
〃	絹荷	} 5太 6個	〃	〃	〃
〃	糸荷		〃	〃	〃
23	糸荷	1太	不明	境屋六平	権右衛門
28	真綿	3太 1個	〃	十一屋糸右衛門	惣兵衛
〃	糸荷	2太 3個	〃	〃	源左衛門
2. 2	真綿	3太	〃	十一屋儀三郎	〃
〃	糸荷	1太	〃	〃	〃
4	真綿	2太 2個	〃	岩城屋嘉兵衛	弥五左衛門
〃	糸荷	3太	〃	〃	〃
9	真綿	1太	〃	高松屋弥惣兵衛	権右衛門
18	糸	10個	〃	糸屋平吉	多平太
〃	真綿	1個	福島	与四郎	〃
〃	糸荷	2太 2個	不明	〃	〃

（表16-4）

年月日	品名	駄数	出荷地	商人名	船頭
〃	真綿	9個	〃	嶋屋善四郎	〃
〃	糸荷	19個	〃	〃	〃
19	真綿	1個	〃	十一屋平助	〃
〃	糸荷	2太 3個	〃	〃	〃
20	真綿	6個	〃	嶋屋峃兵衛	平兵衛
〃	絹糸	8個	〃	〃	〃
〃	絹糸	2個	〃	〃	〃
2．27	真綿	3個	福島	善兵衛	〃
〃	糸荷	13個	不明	〃	〃
3．3	真綿	2個	福島	惣兵衛	〃
〃	糸荷	14個	〃	〃	〃
8	太織	1太	〃	源兵衛	権右衛門
〃	〃	3太	〃	〃	〃
12	真綿	1太	〃	三嶋伝次郎	太郎左衛門
〃	太織	6太半	〃	〃	〃
18	真綿	2個	不明	〃	〃
〃	糸荷	4太 2個	〃	嶋屋勘文	又右衛門
4．8	糸荷	1太	〃	十一屋清太郎	惣兵衛

品目別出荷高

真綿	98太　176個
糸荷	175太半204個
絹荷	1個
太織	10太

出荷地別出荷高

福島	30太37個
仙台	7太
二本松	5太半

二本松油屋清兵衛
　　　柏屋伝右衛門
　　　　　　　　　　福嶋山田屋与五右衛門
　　　　　　　　　　　　十一屋太兵衛

西上州飛脚定日

朔日　五日　六日　十日　十五日嶋屋佐右衛門
　　　　　　　　　　　　　　　十七屋孫兵衛

十六日　廿日　廿一日　廿五日　廿六日　晦日

これらにより安永期には、真綿・絹糸などの運送に江戸の飛脚問屋が従事していたことが判明する。

また、これらの出荷地は二本松・仙台・福島となっているが、これら信達地方（信夫郡・伊達郡）の産地商人から飛脚問屋は絹糸類を買い取って運送していたものと思われる。

つぎに提示する伊達郡掛田村（現霊山町）源太兵衛と江戸瀬戸物町嶋屋佐右衛門との金銭貸借の出入りは、飛脚問屋と蚕種本場の掛田村在郷商人との取り引きを端的に示すものと考えられる。[38]

一札之事

一当三月中於当地金子三百両時貸シニ用達候処、返済之儀差滞候ニ付無詮形、今般山村信濃守様江御訴訟奉申上候所、当月廿一日御評定所江可罷出旨之御尊判被下置候間、其地江罷下り右御判物貴殿并村役人中立合ニ而相渡し候処右出入福島元町庄三郎殿、瀬之上七郎兵衛殿取扱を以、当時金百五拾両受取、残金百五拾両者来ル申年より戌迄三ケ年賦ニ相定メ、則別紙証文取之内済仕候処実正ニ御座候、依之右御判物之儀者拙者方江慥ニ受取申候、尤来ル廿一日御評定所江済口証文差上候儀者、遠国之事故拙者方江引受御証文差上可申候間、此儀ニ付了（ママ）詮以障之儀御座候ハ、、拙者方江引受貴殿聊御苦労相懸ケ申間鋪候、為後証一札入置候処仍如件

天明七未年七月

瀬戸物町嶋屋佐右衛門

奥州伊達郡掛田村源太兵衛殿

村役人中

代　清　六（印）

なお参考までに、安永元年（一七七二）信達両郡蚕種本場名許可の書付[39]から産地村名を抽出してみると、つぎのとおりである。

一惣代両人本場八ヶ村場脇十四五ヶ村ト申立候義吟味仕候処、小幡・上郡・向河原・二野袋・中瀬・粟野・河内・伊達崎八ヶ村其ノ外、桑折・長倉・徳江・伏黒・掛田・東大枝・梁川・保原、都合十七ヶ村ヲ本場ト唱、外伊達郡泉沢・箱崎・柳田・高子・信夫郡鎌田瀬ノ上・本内・福島町、是ヲ場脇村ト唱、此度連印受書差出候伊達郡御代田・湯野村・板谷内・信夫郡岡本・宮代・上飯坂・下飯坂岡部・五十辺・渡利・方木田・森合・腰ヶ浜、右十三ヶ村場脇村へ引続候村方ニ付、本場十七ヶ村へ相対ヲ以種紙員数相極、組合村々ニ付冥加金之儀割合之通御上納可仕旨書付差上申候

これらのうち特に出荷量が多かったのはつぎの一六か村であった[40]。

小幡（伊達市保原町）、上郡（伊達郡桑折町）、向河原（郡山市向河原町）、二野袋（伊達市梁川町）、中瀬（伊達市保原町）、粟野（伊達市梁川町）、河内（伊達郡国見町）、伊達崎（同郡桑折町）、桑折（同郡同町）、長倉（不明）、徳江（伊達郡国見町）、伏黒（伊達市）、掛田（伊達市霊山町）、東大枝（同市梁川町）、梁川（同市同町）、保原（同市同町）

これら一六か村は、いずれも伊達市と伊達郡それに郡山市であったことが注目される。

2　漆・蠟の取扱高

つぎに境河岸の漆・蠟の取扱高について、明和六年（一七六九）の境河岸問屋の『大福帳[41]』により明らかにしてみよう。

表17に示したとおり、漆が一五七・五駄、蠟が八三駄と五個であった。これを漆の出荷地別にまとめてみると、会津が五二駄、最上(山形)が四四駄、福島が二四駄と四樽、越前(福井)が一〇駄と一〇樽、出羽(山形)が九駄、越後(新潟)が六・五駄、庄内(山形)から六駄などであった。また、臘は会津が六駄と三個、飛脚問屋十一屋源助が三個、そのほかは会津家中が七七駄と多かった。これは会津藩の専売品と思われる。

それから明和期に入ってから福島地方から出荷されるようになった玉子についても表18にまとめておいた。

最後に真綿・絹製品、漆、蠟以外の諸品についてまとめてみると表19のとおりである。山形からの青苧、会津からの塗物や木薬・下駄、福島からの太織、棚倉(東白川郡)からの鍬、南部からの紫根(染料)など、多彩な物資が東北地方から江戸へ送り込まれていたことがわかり興味深い。

表17-1　明和6年(1769)～7年　境河岸漆取扱高

年月日	品名	出荷地	商人名	船頭	備考
明和6.8.9	16太	最上村・木沢村	志鎌権四郎外2人	多平太	
21	4太	庄内	林太郎兵衛	藤三郎	
25	4太	最上	左沢又七	惣兵衛	
9.1	7太 4樽	福島伏黒(伊達郡)	佐藤運四郎	権右衛門	
4	2太	越後蒲原郡下楠川村	小池清右衛門	弥吉	
15	1太	越前	八兵衛	〃	
10.1	1太	竹貫町(福島石川郡)	利八	弥五左衛門	
2	14太	飯坂(福島市)	佐藤佐五兵衛	小兵衛	
11.11	6太	庄内	佐藤五右衛門外	平兵衛	
17	4太半	越後	平兵衛・勘四郎	藤三郎	
12.3	1太	越前	八兵衛	〃	
4	1太	〃	与兵衛	惣兵衛	
9	3太	〃　小坂	石川屋藤七	多平太	
〃	3太	〃	与佐右衛門	〃	
〃	1太	〃	勘兵衛	〃	
15	10樽	〃	長兵衛	惣兵衛	越前屋彦十郎あて
26	5太	不明	須藤四郎兵衛	太郎左衛門	
明和7.1.12	1太	米沢新宿村	伊四郎外1人	惣兵衛	
2.20	9太	羽州金沢村	相沢孫八	平兵衛	
3.1	20太	最上村	志鎌権四郎	〃	
12	52太	会津	会津藩家中江川惣助	小兵衛	
20	2太	福島伏黒(伊達郡)	運四郎	権右衛門	
計	157太半				

出荷地別荷量				
	会津	52太(御用旅物)	越後	6太半
	最上	44太	庄内	6太
	福島	24太 4樽	米沢	1太
	越前	10太10樽	不明	5太
	出羽	9太		

表17-2　明和6年(1769)～7年　境河岸蠟取扱高

年月日	品名	出荷地	商人名	船頭	備考
明和6.8.28	6太3個	会津	二瓶重郎次	小兵衛	
9.20	3個	(飛脚問屋)	十一屋源助	藤九郎	
12.6	25太	会津家中	磯貝丹右衛門		
昭和7.3.12	50太	〃	江川惣助		
〃	2太	〃	加藤三九郎		
計	83太5個				

表18　明和６年(1769) ８月～７年４月　境河岸玉子荷物取扱高

年月日	駄数	出荷地	商人名	船頭	備考
明和６．８．11	4個	須賀川	磯屋庄兵衛	源庄衛門	
14	6個	三春	宝屋儀兵衛	弥五左衛門	
11．15	8個	〃	儀兵衛	藤五郎	
12．６	27太	〃	弥兵衛	弥五左衛門	
15	22太 2個	須賀川	君嶋仙八	惣兵衛	
20	13太	三春	安藤武兵衛	藤五郎	
明和７．１．４	5太	須賀川	善次郎	長左衛門	
２．20	2個	ふくしま	与四郎	平兵衛	
３．１	5太	須賀川	富田屋藤七	長左衛門	
15	6太 2個	三春	武兵衛	弥吉	
17	13個	須賀川	君嶋喜平次	惣兵衛	
４．13	20個	郡山	紙屋茂七	平兵衛	
計	51太57個				

出荷地別荷数	三春	46太16個
	須賀川	27太17個
	郡山	20個
	福島	2個

表19　明和６年(1769)８月～７年４月　境河岸諸品荷物取扱高

年月日	品名	駄数	出荷地	商人名	船頭	備考
明和６．８．11	傘	1本	白川	小松伯川	源右衛門	
〃	合羽	1つ	〃	〃	〃	
〃	ふとん	1つ	〃	〃	〃	
〃	下駄	1足	〃	〃	〃	
13	塗大櫃	2個	会津	中村善兵衛	太郎左衛門	
〃	塗荷	14個	〃	〃	〃	
15	鍬	1太	棚倉(東白川郡)	惣十	又左衛門	
〃	木薬	36個	三春	宝屋儀兵衛	小兵衛	
19	かつぎ	1荷	山形	太吉	多平太	
21	紫根	3太	南部森岡(盛岡)	金子嘉兵衛	藤三郎	
〃	駒背	10太	会津西尾岐村(大沼郡カ)	半左衛門	〃	
29	糸木薬	4太	福島	善四郎	弥五左衛門	
9．5	木綿	3太	〃	渡部幸八	〃	買組問屋カ
6	木薬	2太	会津	利右衛門	小兵衛	
9	紫ね	25太	南部	与四郎・長助	藤五郎	
11	かつき	1個	米沢	佐藤源六	五右衛門	
19	木物	12個	木曽	上総屋忠左衛門	弥右衛門	
10．27	革	5太	岩城(楢葉郡)	菅	多平太	
11．9	青苧	4太	山形	善兵衛	源左衛門	
15	木薬	8太	会津	中村七郎右衛門	権右衛門	
16	下駄	48個	〃	幸兵衛	佐五左衛門	
〃	羽木	18個	〃	〃	〃	
〃	かつき	1太	米沢	佐藤源六	小兵衛	
23	〃	2荷	〃	伝四郎	権右衛門	
25	くるみ	1太	会津	平八	藤三郎	
28	蚊帳	2本	〃	嶋屋源兵衛	弥五左衛門	
12．3	木薬	4太半	会津	松田七右衛門	藤三郎	
9	小桃灯	1つ	仙台	太兵衛	多平太	
20	木薬	3太3個	三春	安藤武兵衛	藤五郎	
明和７．２．２	〃	14太	白川	小西弥次兵衛	徳右衛門	
15	塗物	28個	会津	中村善兵衛	弥五左衛門	小阿ミ町1丁目塗物会所
〃	〃	3太	〃	後藤政右衛門	〃	
20	明たんす	1組	二本松	伊勢や善八	又七	大沼船
3．3	塗荷	1太	会津	朝田太右衛門	弥吉	
8	太織	1太	ふくしま	清助	権右衛門	
〃	〃	3太	〃	源兵衛	〃	
20	切粉	1太	会津	野中平兵衛	佐五平	
25	木薬	11太	三春	松本久免右衛門	藤三郎	
29	紙荷	2太	白川	渡部猪太夫	惣兵衛	
3．晦	木薬	2個	三春	安田要右衛門	多平太	
4．10	十印塗荷	36個	会津	川島佐久右衛門	太兵衛	

主要品　出荷地と荷数　　会津塗荷　4太80個　　木薬　12.5太
南部森岡紫根　28太　　福島太織　4太

第三章　近世後期商人荷物の江戸廻漕

第一節　寛政五年『大福帳』からみた商人荷物

境河岸問屋の『大福帳』(42)寛政五年(一七九三)四月から十一月まで八か月間の、糸・糸綿・真綿など繊維製品の取扱高を調べてみると、表20のとおりである。これらの総量は三一八駄で、その内訳は糸荷物一〇一駄、糸綿荷物が二〇〇駄、それに綿が一七駄と四四本で、相当多量の生糸類が江戸へ送り込まれていたことがわかる。

また、その出荷地は運送業者が福島に支店がある嶋屋なので、福島の信達地方であったと考えても大過ないと思われる。

なお寛政五年には、嶋屋取扱荷物で品名不記載の荷物が五四駄と三二本もあったことを追記しておきたい。

つぎに寛政期に入ってからの漆の取扱高について調べてみると表21に示したとおりで、越後からの出荷がもっとも多く二七駄、つぎに最上が一六駄、その他、山形四駄、古川(宮城)五駄四個、庄内(山形)三駄と二個、越前(福井)一駄であった。

さらに紅花についてみると表22のとおりで、出荷地別にまとめてみると、山形が二駄と三六個、郡山が三個、古川(宮城県古川市)が一二個となっているが、ついでに関東地方からの出荷量を調べてみると、馬頭(那須郡)から六駄、

表20　寛政５年(1793)４月～11月　境河岸糸・糸綿・真綿取扱高

月日	品名	駄数	商人名	船頭	備考
6.24	糸荷物	20太	ふくしま嶋屋留兵衛	市兵衛	
〃	〃	14太	〃 弥七	新吾	
7.19	〃	30太	〃 勘兵衛外5人	仙蔵	
〃	わた	10本	〃 〃	〃	
20	糸	5太	〃 八右衛門	三吉	
〃	わた		〃	〃	
8.1	糸綿	18太	〃 儀助外2人	作左衛門	
7	〃	12太	〃 弥兵衛外1人	佐五右衛門	
〃	〃	6太	〃 又兵衛	〃	
〃	糸	6太	〃 惣兵衛	〃	
〃	〃	6太	〃 松治郎	〃	
〃	〃	6太	〃 左蔵	〃	
15	糸綿	12太	〃 勘兵衛外1人	政右衛門	
〃	わた	24本	〃 〃	〃	
〃	糸	14太	〃 権助外3人	五郎八	
〃	わた	10本	〃 〃	〃	
18	糸綿	18太	〃 藤八外2人	清六	
25	綿	3太	〃 儀右衛門	藤五郎	
〃	糸綿	6太	〃 仙蔵	〃	
9.2	真わた	4太	福島　弥七	伊助	
5	糸綿(内綿６本)	6太	嶋屋小八	三吉	
7	〃 (内綿６本)	6太 内10太綿	〃 半治	仙蔵	
〃	〃 (内綿６本)	6太	〃 吉五郎	〃	
〃	〃 (内綿６本)	6太	〃 又兵衛	〃	
〃	〃 (内綿12本)	6太	〃 久四郎	〃	
13	〃	6太	〃 佐蔵	伊助	
〃	〃	6太	〃 留兵衛	〃	
14	〃	6太	〃 平兵衛	佐五右衛門	
18	〃	6太(内綿２本)	〃 和作	惣兵衛	
〃	〃	6太	〃 清吉	〃	
19	〃	6太	〃 惣兵衛	三吉	
〃	〃	6太	〃 清六	〃	
〃	〃	6太	〃 金治	〃	
〃	〃	6太	〃 千蔵	〃	
10.10	〃	6太(内綿６本)	〃 又兵衛	〃	
13	〃	6太	〃 善兵衛	弥吉	
〃	〃	6太	〃 半治郎	〃	
18	〃	18太	〃 治右衛門	久蔵	佐原かし船
29	〃	6太	〃 惣兵衛	藤五郎	
11.18	〃	6太	嶋屋久四郎	佐五右衛門	
〃	〃	6太	〃 又兵衛	〃	

計　318太(糸荷物　101太　糸綿　200太　わた　17太44本)
品名不記載　54太(嶋屋取扱荷物)
372太

表21　寛政５年(1793) ４月～11月　境河岸漆取扱高

年月日	駄数	出荷地	商人名	船頭	備考
4.22	2つ	庄内(山形県)	松之助	作左衛門	
6.1	12太	越後ほりの内(新潟)	佐藤平助	伊助	
16	4太	越後村上(新潟)	田村助太郎	弥吉	
8.3	6太	最上川木沢(山形県)	横川兵衛門	仙蔵	
12	2太	村上(新潟県)	源五郎	小市	
16	4個	古川(宮城県)	藤木喜兵衛	利兵衛	
25	5太	〃	伊藤七五郎	藤五郎	
9.7	3太	庄内(山形県)	助十郎	重太郎	
〃	3太	越後(新潟県)	喜右衛門	〃	
〃	4太	山形	渡部弥七衛	〃	
〃	6太	出羽(秋田県)	善善八	代八	
13	11太	〃	斉藤茂七外１人	弥吉	
21	6太	最上(山形県)	甚吉	新吾	
23	4太	〃	清右衛門	藤五郎	
〃	4太	越後村上(新潟県)	助右衛門	〃	
25	2太	〃	茂三郎	重太郎	
11.1	4太	越前(福井県)	新八	弥八	
計	74太6個				

出荷地別荷数	越前	1太
	越後	27太
	庄内	3太2個
	最上	16太
	出羽	17太
	山形	4太
	古川	5太4個

表22　寛政５年（1793）４月～11月　境河岸紅花取扱高

月日	駄数	出荷地	商人名	船頭	備考
4.14	8個	山形	惣士	三吉	
4.15	7太	不明	日下部儀兵衛	代八	
16	7太	〃	大森又治	伊助	
6.7	3太	古河町（茨城県）	日野谷平兵衛	市兵衛	
〃	22個	古川（宮城県）	山かたや吉兵衛	左五左衛門	
9	20個	古河町	小倉又七	小倉又七	
〃	20個	水戸太田	長谷川惣兵衛	市兵衛	
11	4個	下泉村（茨城県）	政七	新吾	
〃	4個	不明	西村甚兵衛	〃	
21	8個	〃	〃	作左衛門	
28	2個	水戸上小瀬	松兵衛	六左衛門	
〃	4個	〃　下埣	兵八	〃	
〃	8個	不明	今瀬伴右衛門	嘉右衛門	紅屋屋蔵
29	8個	〃	〃	惣兵衛	〃　勘蔵
〃	2太	ふし田	夘右衛門	〃	
7.18	2太	馬頭（栃木県）	大和や	市兵衛	
23	3個	郡山	吉郎次	伊助	
27	6太	状元塚	有海四郎次	惣兵衛	伊勢や藤右衛門 和久井伊兵衛 山城や兵蔵 柳や五郎兵衛
7	12個	水戸	長谷川惣兵衛	佐五右衛門	
8.11	4太	馬頭	生天目卯右衛門	弥吉	
9.2	7個	不明	甚兵衛	仙蔵	釘や又兵衛
10	2太	山かた	吉十郎	新吾	
19	28個	〃	惣七	三吉	辻治郎兵衛
10.10	1太半	最上院内（東村山郡）	奥山惣三郎	〃	
計	34太半158個				

出荷地荷数　東北（山形　2太36個　郡山　3個　古川　22個）
　　　　　　関東（水戸　38個　馬頭　6太　古河町　23個）

表23　寛政5年(1793)4月～11月　東北・北陸諸品荷物取扱高

月日	品名	駄数	出荷地	商人名	船頭
4.14	くるみ	8個	越後新方	治郎右衛門	三吉
〃	格子	1太	福しま	十蔵	〃
6.17	鋸	2個	白川	繁野源三郎	
〃	切粉	4個	〃	〃	六左衛門
7.27	鍬	20個	棚倉	伝兵衛	大治
8.15	南部紫	5太		早瀬富之助・米川平蔵	政右衛門
〃	木薬	36叺	白川	近藤伝左衛門	五郎八
9.2	のし	6太	南部	三上源兵衛	伊助
29	灯燈入	1個	二本松	長四郎	新吾

水戸三八個、古河町(茨城県)からも二三個の出荷があり、紅花生産が関東農村でも普及しつつあったことが判明する。

最後に東北地方から出荷された諸品について紹介してみると表23のとおりで、農具の鍬や鋸、それに染料の紫などが出荷されていたことがわかる。

以上が寛政期に入ってからの境河岸問屋扱いの、東北地方農村から江戸へ送られた商人荷物のあらましであるが、全体的荷量は、宝暦・明和期に比べて、生糸類以外は減少傾向を示していることが注目される。

第二節　天保七年境河岸の江戸廻漕商品

天保期に入って、東北・北陸地方からの商人荷物はどのように変化したのであろうか。

まず境河岸問屋の天保七年『大福帳』(43)により、絹糸・真綿の取扱高を調べてみると表24のとおりである。全体の荷量は、絹糸・絹が二〇〇駄と二九二個、綿・真綿が一四六個で、相当多量の出荷量であった。

これらの出荷地は明記されていないが、これらを運送していたのは、寛政期同様そのほとんどが飛脚問屋嶋屋で、そのほかに京屋も運送に従事していたことがわかる。

24	絹糸	絹糸18個		〃 斧吉	〃金兵衛	24日分 49太5個
〃	わた	わた10個				
〃	絹糸	絹糸14個		〃 八十吉	〃	
〃	わた	わた18個				
〃	絹糸	28個		〃 兵助	〃	
〃	絹糸	14個		嶋屋清兵衛	〃	
〃	わた	14個				
〃	絹糸	18個		〃 新六	〃	
〃	わた	10個				
〃	絹糸	18個		〃 順次	〃	
〃	わた	8個				
〃	絹糸	32太		〃 茂左衛門	〃	
29	〃	7太(内真綿10本)		京屋弁次	久次郎	
〃	〃	7太(内真綿12本)		要助	〃	
9．7	〃	7太		半兵衛	太蔵	
〃	〃	7太		徳兵衛	〃	
〃	〃	7太		長吉	〃	
〃	〃	7太		嶋屋久四郎	〃	
〃	〃	7太		吉兵衛	〃	
〃	〃	7太		銀平	〃	
9．12	〃	14個		京屋清蔵	金兵衛	
〃	綿	14個		〃	〃	
〃	絹	14個		八百吉	〃	
〃	綿	14個		〃	〃	
14	絹糸	7太26個		忠助	大兵衛	
17	〃	7太14個		与七	寅蔵	
〃	〃	7太12個		庄士	〃	
〃	〃	7太		嶋屋清六	〃	
20	〃	7太 4個		京屋茂左衛門	清助	
〃	〃	7太		嶋や小市	〃	
22	〃	7太		〃 吉之助	善兵衛	
〃	〃	7太		〃 佐十郎	〃	
合計	絹糸	200太278個		綿・わた　112個		
	絹	14個		真綿　34個		
	計	200太292個		146個		

表24　天保７年(1836)３月～９月　絹糸・真綿取扱高

月日	品名	駄数	出荷地	商人名	船頭	備考
4.14	絹糸	21個		嶋屋清吉	文次郎	
〃	真綿	8個		〃	〃	
〃	絹糸	15個		東屋東七	〃	
〃	真綿	14個		〃	〃	
27	絹糸	16個		嶋屋健次	伊兵江	二ノ江
〃	真綿	12個		〃	〃	
7.10	絹糸	5太		嶋屋甚兵衛	弥七	
〃	〃	5太		〃 吉兵衛	〃	
〃	〃	5太		京屋富三郎	〃	
〃	〃	5太		〃 茂左衛門	〃	
11	〃	5太		〃 斧吉	孫三郎	
15	〃	7太		嶋屋茂右衛門	善兵衛	
〃	〃	7太		京屋仙吉	〃	
〃	〃	7太　内ワタ４ツ		半兵衛	〃	
〃	〃	7太		嶋屋嘉吉	〃	
〃	〃	7太		〃 順次	〃	
〃	〃	7太		〃 安兵衛	〃	
〃	〃	9太		嶋屋銀平・京屋清兵衛	〃	
〃	〃	7太		〃	安左衛門	
〃	〃	7太		糸屋清兵衛	〃	
25	〃	7太		京屋与七	久次郎	
〃	〃	7太		嶋屋忠助	〃	
〃	〃	7太		京屋佐十郎	〃	
〃	〃	7太		嶋屋又兵衛	〃	
〃	〃	7太		京や清蔵	〃	
〃	〃	7太		久四郎	〃	
〃	〃	7太		八百吉	〃	
〃	〃	7太		清六	〃	
8.14	絹糸	7太　絹糸14個		嶋屋伝之助	善兵衛	
〃	わた	わた14個				
〃	絹糸	7太　絹糸14個		糸屋文七	〃	
〃	わた	わた14個				
〃	絹糸	7太　絹糸18個		京屋忠助	〃	
〃	わた	わた10個				

この点につき、天保七年（一八三六）四月付の奥州白川郡小田川宿検断平九郎外、太田川宿・踏瀬宿・大和久宿検断など五名から、商荷物継送につき嘆願書(44)には、つぎのような文書が記されている。

乍恐以書付奉願上候

奥州白川宿夫より当御支配所小田川宿外三ヶ宿之義は別而難渋之小宿ニ御座候得は、商荷物運送之助力を以相続罷有候処、去ル午年より二本松御領笹川宿より新道相開、定飛脚問屋嶋屋佐右衛門・京屋弥兵衛、絹糸真綿荷物守山村江継入、夫より白川御領籏宿村を相通り、野州板戸川岸より船積仕、猶又江戸表より中奥へ差出候荷物板戸揚之分は、往古野州石米（林カ）村より奥州道中氏家宿或は喜連川宿継出相通候処、近年本道筋宿々相滞候趣を以、右板戸川岸より同州関保村、喜連川御領葛城村へ差出、夫より右両店糸綿荷物相通候村々を継送候而、白川御領中畑新田宿并笹川宿へ継出候義も有之候ニ付、私共四ケ宿江は上下商荷物不相通、其上定飛脚月々短日相立候上下荷物伏通并金子包もの位ニ而、天明之頃弐太軽尻ニ限相通り、殊ニ定日も少ク有之候故、壱ヶ年弐百七八拾太ならてハ不相通候処、近年右定日も相増、其上間番抔と相名付上下荷物相重り候得ハ、拾七八太ツヽも継立候故、壱ケ年ニは千四五百太宛も相通り候処、右は宿定人馬之内ヲ以継送候故、助郷村々莫太之難渋ニ相成候間、定日継送之荷物ハ先年之通弐駄軽尻ニ限相通候様被仰付、尚又糸綿荷物継送候儀、私共宿々より白川宿迄は相滞候宿ニも無之候間、本道八ケ宿之内差滞候ハヽ、白川宿より原方海道と申氏家宿へ差出候道筋御座候条、右之継送尚又板戸川岸揚中奥行之商荷物ハ、氏家・喜連川両宿へ差出、本道相滞候節ハ、氏家宿は勿論、差滞候前宿より右原方筋へ継入候様御下知被下置候様仕度、奉願上候

（中略）

天保七申年四月　　　　奥州白川郡
　　　　　　　　　　　　小田川宿検断　平九郎
　　　　　　　　　　　　踏瀬宿検断　名左衛門
　　　　　　　　　　　　太田川宿検断　弥次右衛門
　　　　　　　　　　　　大和久宿検断　藤左衛門
　　　　　　　　　　　　　　　　　　　市左衛門
川俣　御役所

（「箭内文書」『御用留帳』泉崎村踏瀬　箭内健次蔵）

これは、白川宿から大和久宿までの四か宿役人が商人荷物の減少を訴え出た嘆願書であり、嶋屋・京屋により、奥州方面からの絹糸・真綿荷物が鬼怒川上流の板戸河岸へ多量に脇往還経由で運び込まれていたことを示すものである。

また、文政十三年（一八三〇）十月付の境河岸問屋小松原五右衛門から奥州福島の嶋屋佐右衛門・京屋弥兵衛あての一札[45]によると、船積運漕中の新絹糸二二四個が台風のため遭難していたことが明らかとなる。

一札之事

京屋様嶋屋様、両御会所ゟ年中江戸御運送被成候絹糸真綿之儀、外荷物与違筋合格別之儀ニ付、定飛脚与相唱、御宰領衆御付被成御運送之所、宿々河岸〳〵之問屋ニおゐても別段ニ相心得、運送差急キ候様大切ニ取計来り申候、然ル所、新絹糸弐百弐拾四箇、当十一日以当着有之候処、折悪敷大風吹続候ニ付、十二日船積仕、翌十三日風間を見合せ当河岸出帆、関宿元町地内行人河岸弥平次前を相下ヶ候所、猶又吹出シ江戸川逆風ニ而下り船難相成、同河岸泊りニ相成、其夜八ツ時頃別而風裂(烈)敷相成候間、御宰領衆船方之者一同手配いたし相凌申候得共、殊之外大風ニ而船被相揺候ニ付、新造船ニ者御座候得共、水冠り之古杭江相当り、敷板之内破損所出来、一同騒キ立候間、居合候から船早速助船ニ乗来り、且弥平次方ゟ町内江鳴りを立候ニ付、川端之者者不及申ニ、追々助人

足駈来り、荷物取揚呉別而所役人中立合□□いたし呉候間、流失等茂無之、尤下積之内嶋屋様分三拾箇、京屋様分弐拾壱箇相濡申候、右躰及難船候始末、船方之(者脱カ)共儀無手抜相働キ候趣、災難之儀与者乍申、万一行届不申儀茂可有之哉、拙者ニおゐて何共可申上様無御座候間、御会所様江宜敷御勘弁之儀御歎キ被下候様奉願上候、右御聞請被下候ハヽ、我等并船頭共迄恭仕合奉存候、右一札如件

境河岸
問屋　小松原五右衛門(印)

文政十三年寅年十月

奥州福嶋
嶋屋佐右衛門殿

同
京屋弥兵衛殿

(境・小松原康之助家文書)

これらの史料により、嶋屋・京屋の飛脚問屋が、福島信達地方産出の絹糸や真綿などの運送に重要な役割を果たしていたことを改めて認知することができる。なお、これらの荷物は、嶋屋・京屋が福島で在郷商人からいずれも買い取ったものと考えられる。

つぎに天保期の漆荷物の取扱高についてみると表25のとおりである。全体の荷量は一七駄と六三樽で、その出荷地は越前(福井)が一七駄と六三樽、越後からの出荷は二樽で、そのほか出荷地不明分が二〇樽であった。これをみると、漆の出荷量は寛政期の七四駄と六個に比べると、さらに減少していたことがわかる。

また、紅花についてみると表26のとおりで、山形地方から合わせて一五六個が出荷されていたことがわかる。なお、紅花は北関東の下館などからも表26に示したとおり、三駄九個の出荷があったことを付記しておく。

そのほか玉子の出荷が東北地方から表27に紹介したとおり、天保七年(一八三六)には合わせて一五一個も福島商人から出荷されていたことにも注目したい。参考までに、須賀川商人伯耆屋平作から阿久津・久保田・堺(境)などの河

表25　天保５年(1834) ６月～９月　漆取扱高

年月日	駄数	出荷地	商人名	船頭	備考
天保５．６．11	2樽	越後国金谷村（新発田市）	平吉	喜兵衛	乗船者携行荷物
15	6樽	ゑちせんや	与吉	伊兵衛	二ノ江船
19	2樽	越前	嘉右衛門	弥七	〃
〃	小1樽	〃	〃	〃	〃
7．29	3太	〃小坂村（小字坂カ）	兵左衛門	〃	〃
8．5	4太	〃	与吉	安左衛門	
24	3太	越前波垣村	粂次郎	金兵衛	
9．14	27樽	〃根倉村	漆や忠蔵	大兵衛	
17	5太5分	小坂	与吉	寅倉	
18	20樽		小池又助	吉五郎	
20	1太5分7樽	越前国西袋村（鯖江市）	善助	清助	
	17太63樽	出荷地別　越前　17太43樽　越後　2樽			

表26　寛政７年(1795)・天保７年(1836)　紅花取扱高

年月日	駄数	出荷地	商人名	船頭	送付先商人
寛政７．６．25	15個		日野や太兵衛	弥七	
7．5	3太（ 9個）	下館町	板谷善吉	清助	結城や太兵衛
12	7太（28個）		近江屋太兵衛	青木二之井	嶋屋佐右衛門
21	2太（ 6個）		小林新右衛門	大兵衛	井上十次郎
8．17	74個	玉井	平兵衛	二ノ江又次郎	
9．12	16個		板谷善吉	久次郎	南新堀井上十次郎
計	12太105個				
天保７．5．	16個	山形石沢	巳之松	伴次郎	
8．10	76個	山形	斎藤清兵衛	太倉	
20	64個	〃　石沢（尾花沢市岩谷沢）	巳之松	久次郎	
計	156個				

表27　天保7年(1836)3月～8月　玉子取扱高

月日	駄数	出荷地	商人名	船頭	備考
3.27	3個	須賀川	安達や久兵衛	岩右衛門	
〃	2個		〃	〃	
〃	4個		〃	六兵衛	
〃	6個		〃	岩右衛門	
4.1	8個		〃	平次郎	二ノ江船
〃	8個	白川	小はりや清三郎	〃	
2	3個		安達や久兵衛	六兵衛	
4	8個		〃	伊八	
11	2個		〃	松五郎	
12	4個		〃	要蔵	二ノ江船
〃	4個	すか川	紙や覚左衛門	〃	
21	4個		安達や久兵衛	嘉右衛門	二ノ江船
23	4個		〃	善兵衛	
24	8個	白川	亀田屋友蔵	久兵衛	二ノ江船
〃	4個	〃	植木屋惣次郎	〃	
30	4個		安達や久兵衛	久次郎	
5.3	2個	白川	鯉や太郎吉	清助	
5	2個		安達や久兵衛	久兵衛	二ノ江船
11	2個	白川	油や嘉忠次	弥七	
12	4個		安達や久兵衛	吉五郎	二ノ江船
28	2個		〃	清助	
6.3	4個		〃	久次郎	
4	8個		〃	友四郎	
6	2個	白川	油や嘉忠太	伊八	
16	10個	すか川	紙や藤兵衛	〃	
〃	10個		安達や久兵衛	〃	
6.21	14個		安達や久兵衛	忠七	
7.16	11個	白川	植木屋熊次郎	久次郎	
8.25	6個	〃	小はりや清五郎	善兵衛	
計	151個				

岸問屋、それに江戸万年橋の問屋堺屋庄三郎あての鶏卵送り状(46)を、左に紹介しておこう。

送り状之事

一𠆢サ印鶏卵四箇　　白川牛　作　蔵

〆壱た

戸石屋和吉殿行

右者此度、鶏卵荷物、牛方壱た河岸無滞箱封改之上、送り可申候、以上

寅九月十九日　　スカ川 伯耆屋　平　作(印)

白川　御産物方会所

阿久津　岩城屋官六殿

久保田　宮田権平殿

堺　小松原五右衛門殿

江戸万年橋　堺屋庄三郎殿

(端裏書)

「一四百三拾四文　先取

九月廿四日　　官　六(印)

太賃立替

〆壱貫弐百壱文

馬方へ御渡可申候

表28　天保7年(1836)3月～9月　諸品取扱高

月日	品名	駄数	出荷地	商人名	船頭	備考
3.27	薬種	8個	白川京や喜兵衛	京屋喜兵衛	七倉	
〃	〃	12個		安達や久兵衛	岩右衛門	
4.12	〃	16個	二本松	館脇七郎右衛門	要蔵	二ノ江
〃	くるみ	8個	会津	越後屋勘兵衛	〃	〃
22	薬種	4個	越中富山	藤野長兵衛	平次郎	〃
24	硝石	2個	白川	亀田屋友蔵	久兵衛	〃
5.1	八目干鰻	1個	〃	植木屋熊次郎	善兵衛	
28	若古根	3個	〃	綿谷才兵衛	清助	
〃	硝石	9個	〃	桔梗や兵吉	〃	
6.3	下駄	4個	三春	春山伝五外1人	久次郎	
6	生蠟燭	2個	すか川	松坂や庄左衛門	新次郎	
〃	硝石	2太 6個	白川	油や嘉忠太	伊八	
7.1	薬種	12個		安達や久兵衛	久次郎	
10	硝石	1個	白川	植木屋熊次郎	〃	
11	薬種	4個	須賀川	安達や久兵衛	伊八	
31	生薬	12個	会津福良	米沢や直吉	忠助	
8.10	薬種入	4叺	白川	植木屋熊次郎	太倉	
14	蚕種	8個	奥州伏黒	鈴木七五郎	弥七	
9.6	薬種	6個	山形	佐次弥蔵	〃	
〃	古銅	12個	すか川	伝右衛門	〃	
7	薬種	4個	白川	京や嘉兵衛出し	太蔵	

九月廿六日

宮田権兵衛(印)

青木兵庫殿」

（境・小松原康之助家文書）

それから諸品の取扱高についても、参考までに表28にまとめておいた。

そして最後になるが、近世前期から鬼怒川の要地として繁栄していた板戸河岸の天保十三年（一八四三）の商荷物船下げの品目と駄数を紹介してみると、表29のとおりである。

これら東北地方からの商人荷物の駄数は二一六七駄余であったことがわかる。

これを元禄十四年（一七〇一）の九万二〇五六駄半（表2参照）と比べてみると、相当に荷量が減少していることに驚かざるを得ない。

この点については、終章で寛政五年（一七九三）の板戸河岸問屋から領主役所あての嘆願書により若干説明しておいた。

表29　天保13年(1843)　板戸河岸取扱商荷物品目と数量

船下げ品目	駄数	備考
小造煙草	869駄1分	
切粉〃	157駄3分	
草造〃	193駄2分2厘	
館〃	10駄4分4厘	
生茶	34駄	
下駄甲	3駄1分6厘	
棒鍬	23駄4分	
茶荷	51駄8分3厘	
塗	21駄	
糸荷	66駄	
紅花	41駄	
水油	73駄	
諸荷物	44駄1分6厘	
計	2167駄4分1厘	
船下げ炭・材木	駄数	
炭	2468駄7分3厘	内領知勘定所御用炭380貫 公儀勘定所御炭491貫
杉皮	141駄5分	
附木駒	45駄7分5厘	
挽き木	284駄9分3厘	
柏皮	21駄6分6厘	
才真木	33駄6分2厘	
柾板	11駄8分3厘	是御公儀様御勘定所用材
計	3006駄5分6厘	
その外 登荷物　塩 筏組下ケ分　挽木 檜車・竹・角	 206太2分3厘 2256太2分5厘 しめて2400太余	
総計	1万763駄3分3厘	

注1　この史料は御勘定荻野寛一普請役掛石井助八朗あてのものである。
　2　本表は『栃木県史』史料編、近世3、p452～453により作成した。

終章　鬼怒川水運史の総括

以上で、近世前期から後期にかけての鬼怒川水運が、商品物資の江戸廻漕にどのような役割を果たしていたのか、また東北・北陸商人の輸送物資の動向がどうであったかについて追究してきたが、史料的な制約もあって必ずしも十分に解明することはできなかった。その点は今後の研究に委ねることにして、本編で明らかにしたことを要約し、稿を閉じることにしたい。

まず序章では、奥田氏の『内陸水路の歴史地理学的研究[47]』に依拠しつつ、鬼怒川水運の起源や、板戸河岸をはじめ上流諸河岸の船数や運上金、商人荷物の動向などについて述べておいた。

そのうち特に鬼怒川水運の起源については、奥田氏が提唱した慶長三年(一五九八)よりさらに戦国期まで遡ってもよいのではないかと思考した。

それは、元禄四年(一六九一)と推察される文書[48]につぎのように記されているからである。

一　板戸かし立りハ

　元禄四年未年迄七拾壱年以前酉年、川岸立候由、板戸問屋平右衛中候

右のほか柳林河岸・上阿久津河岸などの起源について、それぞれの河岸の問屋などが証言しているが、いずれも年

代と干支が一致するので、確かと考えられるのである。

ちなみに、筆者がこれまで研究してきた関東諸河川の起源は、思川や荒川、それに利根川など、いずれも戦国期まで遡るのである(49)。

たとえば、後北条氏時代の天正四年(一五七六)には下総国佐倉・関宿間に船が通航していたし、北条氏照文書(50)には三〇艘もの商船が太日河筋に通航していたことなどを考え合わせると、鬼怒川水運の起源が戦国期まで遡るとしても決して不自然ではないと思考している。

次いで第一章では近世前期の鬼怒川の概況について、寛永十一年(一六三四)の鵜飼船運上金に関する文書や同年の白川藩江戸廻米に関する「定書」(51)などを紹介し、寛永期に入ってから鬼怒川水運が本格的に展開していたことを述べておいた。

また、承応三年(一六五四)十二月付の宇都宮藩役人仁左衛門の奥州荷物に対する運上金賦課の「覚」(52)などの文書を提示し、商人荷物が鬼怒川水運を利用して運漕されていたことを確認しておいた。

それから元禄三年(一六九〇)の江戸幕府廻米津出しの記録(53)により、当時の鬼怒川周辺の主な河岸が一五河岸であったこと、元禄十四年十二月付「板戸河岸以下九河岸船極印帳」(54)により、当時の商人荷物の運漕量が合わせて四万九九七〇駄の多量に及んでいたこと、また、元禄十四年当時の板戸河岸はじめ上流七か村の鵜飼船が、合わせて三四八艘も稼働していたこと(55)、そして荷物の駄数が実に九万二〇五六駄半の多量であったことにも言及し、商人荷物の江戸廻漕が盛況であったことを明白にした。

それでは元禄期の江戸への主な廻漕商品とは一体なんであったのであろうか。この点を裏付ける史料として、明和八年（一七七一）の境河岸問屋五右衛門の「煙草荷物引請覚帳」(56)から抜粋し紹介してみると、つぎのとおりである。

竹貫多葉粉荷口引請候分　　境町五右衛門

貞享三年（一六八六）	計三四六三俵
元禄十七年（一七〇四）	計一〇六二俵
宝永元年（一七〇四）	計　五三九俵
宝永二年（一七〇五）	計　九九五俵
宝永六年（一七〇九）	計三九七九俵
宝永七年（一七一〇）	計六九五六俵
正徳六年（一七一六）	計八〇二二俵

これらの竹貫たばこは、いずれも鬼怒川上流の板戸河岸あるいはそのほかの上流河岸から、小鵜飼船で中流右岸の上山川や山王河岸などへ運漕され、それから陸揚げされ、馬付けで境河岸へ送られていたのである。

次いで第二章第一節では、近世中期に入ってからの東北地方から境河岸へ送られていた三春たばこの、板戸河岸までの陸送路について紹介し、享保期からの竹貫たばこ（石川郡）や三春たばこ（田村郡）の出荷量について紹介し、近世前期に比べて減少傾向を示していることを明らかにした。

そしてこれらたばこ荷物減少の要因が、境河岸を経由せずに、奥州荷物は鬼怒川で積み下げ、利根川中流右岸の三つ堀村や木野崎村（以上柏市）、さらには布施河岸などへ廻漕し、そこで陸揚げして江戸川右岸の加村・流山への廻送コースを利用するようになったことにあると考えている。また、那珂川を経由して江戸へ廻漕された商品物資も相当にあったものと考えている。

ちなみに近世前期から中期にかけて、境河岸をはじめ陸継ぎ六か宿と、利根川中流右岸の村々や河岸との間で、たびたび荷物付け起し出入りが巻き起こっているのである。(57)

このような商品流通経路の改変こそ、境河岸を漸次衰退させていった要因と考えている。

次いで第二節で、元文二年(一七三七)境河岸の江戸廻漕商品では、総州境河岸問屋の元文二年『大福帳』により、商人荷物の江戸廻漕情況について明らかにした。

まず最初に、東北・北陸地方からの紅花・蠟・漆を取り上げ、その出荷地と運送量を表示して大要を説明しておいた。

また、福島の信夫郡・安達郡、いわゆる信達地方の真綿・糸・絹などの出荷地と廻漕量についても表示し、説明しておいた。それから産地の福島地方から境河岸までの陸送については、江戸の飛脚問屋嶋屋・十一屋・十七屋などが担っていたことを明らかにした。これらの繊維製品は、飛脚問屋が産地商人から買い取ったものと考えられる。

右のほか、東北や越前からの漆や蠟の江戸廻漕の状況についても言及しておいた。

さらに第三章の近世後期商人荷物の江戸廻漕では、寛政五年(一七九三)の『大福帳』、天保七年(一八三六)の『大福帳』二冊を分析し、寛政期以降の糸・糸綿・真綿、それから漆などの取扱量や商品の出荷地について、明らかにしておいた。

また、時代はやや遡るが天明七年(一七八七)の飛脚問屋嶋屋と伊達郡懸田村(絹製品の産地)在郷商人との金銭貸借の出入り文書、(58)天保七年の飛脚問屋島屋と奥州街道小田川宿・太田川宿・踏瀬宿・大田川宿検断との商人荷物輸送をめぐる争いについても言及しておいた。[59]

さらに天保元年十月付の境河岸問屋が請け負った嶋屋・京屋の船積運漕中の絹糸が台風のため遭難したとの記録も、参考のため紹介しておいた。[60]

そのほか、天保期の漆や紅花、諸品の取扱高や出荷地と荷量の減少についても言及しておいた。

最後に、天保十三年の板戸河岸の取扱商荷物の品目と数量を表29に紹介し、それらの総計が一万七六三駄余であったことを明らかにしておいたが、この数量は、近世前期元禄十四年（一七〇一）の荷数の合わせて四万九六九駄、それに享保十五年（一七三〇）の二万一〇九二駄に比べて、相当減少していることに注目したい。

その点については、寛政五年（一七九三）九月の板戸河岸問屋平太夫・平治左衛門から領主（宇都宮藩）役所あてに差し出された左の嘆願書[61]を見ると、板戸河岸から六里ほど東の中川（那珂川）の方へ商荷物を廻送するようになったからであると申し立てている。

乍恐以書付ヲ奉願上候

一野州芳賀郡板戸河岸問屋平太夫・平治左衛門、道場宿河岸問屋長太夫・半左衛門・新右衛門、板戸河岸目附五郎左衛門・忠左衛門奉申上候、御廻米御積立之儀、例年御急キ被　仰付御積立仕候処、別て去暮中御急被　仰付候ニ付、出精仕御積立仕候得は、先年と相違仕、近来之儀段々船数減少仕、別て卯年以来年増ニ船数相減シ候得は、船廻方も不宜候ニ付、御出役様方河岸場へ朝夕御出被遊、船毎ニ御用札御張被成、諸荷物一切御差留被遊、御廻米御積立被仰付候ニ付、買人之儀は、五六十日余宛差留置、御廻米積立仕候得は、甚難儀仕候、早速ニ運送仕候得は、江戸表へ荷物持参仕、売払帰宅可仕程日数留置候て、小売人共之儀は必止《ママ》差詰り候ニ付、当河岸より六里程東、中川下ケ仕、夫より所々廻り道仕候得は、当夏ニ至り候ても、諸荷物無数船家業も無御座候、夏中船

乗送り不申捨置候得は、別て当年乗送り候船無御座候、破船多御座候故、当御廻米御積立御差支ニ相成可申旨、乍恐奉存候、当河岸々々之儀ハ当春以来諸荷物減少仕、東廻ニ多分ニ荷物運送来、永久相助広大之御慈悲と難有仕合ニ奉有候、以上

寛政五年丑九月

野州芳賀郡板戸河岸問屋
平　太　夫
同　平治左衛門
河岸目附
五郎左衛門

主な輸入品と数量
雑貨5000個
雑貨5000個 〃　2000個
肥料2万5000 過燐酸8000叺　大豆粕1万枚
石油2000箱　過燐酸2万叺 大豆粕8000枚 肥料1万俵　塩1万5000俵　砂糖2000俵 過燐酸2万叺　肥料2000俵 大豆粕5000枚　砂糖3000俵 過燐酸1万叺　大豆粕5000枚 肥料2000俵　塩2000俵　荒物ほか 石油3000個　砂糖3000俵

表30　明治43年　鬼怒川河岸の汽船寄港地輸出入商品一覧

河岸名	所在地	主な輸出品と数量
1　氏家	栃木県塩谷郡氏家町	木炭45万俵、槙4万俵外材木
2　上阿久津	〃	〃 4万5000俵
3　宝積寺	〃　　高根沢町	〃 20万俵
4　板戸	〃　宇都宮市板戸町	〃 4万俵
5　刈沼	〃　　刈沼町	〃 10万俵
6　道場宿	〃　　道場宿町	〃 25万俵
7　竹下	〃　　竹下町	〃 5万俵
8　石法寺	〃　真岡市	〃 8万俵　槙2束
9　石井	〃　宇都宮市石井町	〃 5万俵
10　柳林	〃　真岡市	〃 10万俵　槙5万束
11　大沼	〃　〃	陶器2万個　木炭2万俵
12　上谷貝	〃　芳賀郡二宮町	木炭2万俵　槙1万5000束
13　小川	茨城県下館市	〃 5万俵　〃 1000束
14　川島	〃　真壁郡伊讃町	〃 8万俵　米俵4000俵　梨子2万籠
15　久保田	〃　結城市久保田	〃 2万俵　槙1万束　陶器1万5000個
16　舟王	〃　結城郡関本町	梨1万5000籠　木炭5000個　小麦3500俵
17　中	〃　〃　絹川村	陶器1万個　槙1万束　木炭5000俵
18　上山川	〃　結城市上山川	槙20万束　木炭5000俵　雑貨1000個
19　関本	〃　真壁郡開城町	槙1万5000俵　木炭１万俵　梨子1万籠
20　尻手	〃　〃　上妻村	木炭1万俵　米穀5000俵　槙5000束
21　坪井	〃　結城郡八千代町	米穀1000俵　梨子2000籠　槙5000束 木炭1000俵
22　川尻	〃　真壁郡川西村	木炭1000俵　槙2000俵　梨子500個
23　宗道	〃　結城郡千代川村	米穀2万5000俵　麦3万2000俵 醤油1万2000樽
〃		木炭2万俵　雑貨1万個　槙2000俵
24　石下	〃　〃　石下村	米穀1万5000俵　雑貨1万5000俵 木炭5000俵ほか
25　三坂	〃　結城郡三妻村	米穀6000俵　槙2万束
26　水海道	〃　水海道市	米穀4万俵　鶏2000籠　木炭1万5000俵 鶏卵1万個　雑貨3万個　綿布200個

『流山市史』別巻・利根運河資料集　p554～67により作成した。

忠左衛門
道場宿川岸問屋
長太夫
同　半左衛門
同　新右衛門

御役所

（宇都宮市板戸　坂本竜太家文書）（傍線筆者）

これにより、近世中期以降、上流の板戸河岸はじめ諸河岸では、東北方面から出荷された商人荷物が減少し衰退していったことが考えられる。(62)

以上で本編を閉じることにしたいが、上流の板戸河岸、利根川中流左岸の境河岸問屋の史料を中心として、鬼怒川水運と、東北地方農村から出荷されたたばこ荷物や絹・真綿・漆や蠟など江戸廻漕商品の動向について、ある程度は明らかにすることができたのではないかと自負している次第である。また、下流域の動向などについては今後の研究課題にしたいと考えている。

なお、明治四十三年の鬼怒川河岸の汽船寄港地の主な輸出入商品とその数量について、表30に紹介しておいたので、参考にしていただければ幸いである。

第二編　利根川水運と商品流通の動向
——北関東農村の江戸廻漕商品——

帆走する高瀬舟（松戸市・明治41年）
『写真集　利根川高瀬船』（千葉県立大利根博物館、1994）より

序章　関東水運と商品流通史の研究回顧

これまで関東を中心とする商品生産と流通に関する先駆的研究としては、伊藤好一氏の『江戸廻り経済の展開』（柏書房、一九六六）、白川部達夫氏の『江戸地廻り経済と地域市場』（吉川弘文館、二〇〇一）のほか、拙著『関東河川水運史の研究』（法政大学出版局、一九八四）、それに後続の拙著（『近世交通運輸史の研究』吉川弘文館、一九九六、『関東水陸交通史の研究』法政大学出版局、二〇〇七、『近世関東の水運と商品取引』岩田書院、二〇一三、『近世関東の水運と商品取引　続』岩田書院、二〇一五）でも関東の水運と商品流通の動向について関東諸河岸の史料を中心にできる限り追究してきたが、なお関東農村の商品生産と流通に関する研究は未開拓の分野と考えていた。

しかるに、最近になって新井鎮久氏が『近世関東畑作農村の商品生産と舟運』（成文堂、二〇一五）を発刊されたので、関東農村と地廻り経済に関する研究は著しく進展してきたように思われる。しかし、鬼怒川水運と商品流通との関係については、なお未解明の分野が残されているように考える。

また、近世の全国市場と江戸経済に関する研究としては、大石慎三郎氏の「享保改革期江戸経済に対する大坂の地位」（『日本歴史』一九一号、一九六四）があり、さらに林玲子氏の『近世の市場構造と流通』（吉川弘文館、二〇〇〇）もある。

これら両氏の研究は、全国的視野から近世の商品流通と江戸・大坂の経済に関する動向について、幕府の経済政策

表１　江戸中後期の諸商品江戸入荷状況

	享保11年（1726）			安政３年（1856）		
	江戸入津高（A）	大坂より入津高（B）	$\frac{B}{A}\times 100$	江戸入荷高（C）	上方より入荷高（D）	$\frac{D}{C}\times 100$
繰綿	82,019本	98,119	119.6	29,676	9,989＊	（33.7）
木綿	36,135箇	12,171	33.7	80,168	14,505＊	（18.1）
油	90,811樽	69,172	76.2	100,000	60,000	60.0
酒	795,856樽	177,687	22.3	1,156,000	1,000,000	86.5
醤油	132,829樽	101,457	76.4	1,565,000	90,000	5.8
米	861,893俵	3	0.0	3,010,000	—	0
炭	809,790俵	764	0.0	2,475,000	—	0
魚油	50,501樽	—	0	30,000	—	0
塩	1,670,880俵	248	0.0	1,600,000俵 171,000笊	1,600,000俵	—
薪	18,209,687束	—	0	18,370,900束 7,499,300本	—	0
味噌	2,898樽	—	0	274,320	—	0

林玲子『近世の市場構造と流通』（吉川弘文館）P72より転写。
＊印は安政３年分が不明のため、安政５年２月～８月と、万延元年８月～文久元年１月分とを合計して１年分とした。

とも関連させせながら論究されたもので、優れた労作といえる（表1参照）。

しかしながら関東の商品生産と流通については、関東河川水運との関連でみるとき、なお実証的研究の余地が残されているように思われる。

そこで筆者はこれまでの研究を再考しつつ、江戸を中心とする関東地廻り経済の発展が大都市江戸市民の経済生活にどのような役割を果たしていたのか、河川水運史の視野から、北関東農村の大豆や木綿、それに、たばこと醤油などの江戸廻漕の実態についてできる限り追究してみたいと考える。

第一章　上利根川水運と江戸廻漕商品

第一節　上州倉賀野河岸と江戸廻漕商品

利根川水運の遡江終点の上州倉賀野河岸は中山道倉賀野宿とも同位置にあり、水陸交通の要地として近世初頭以来、幕藩領主の城米・年貢米や商品物資の輸送に極めて重要な役割を果たしていた。

参考までに、倉賀野河岸の荷物運漕に従事していた天明六年（一七八六）の船数を紹介してみると、つぎのとおりである。[1]

「（表紙）天明六年
午八月」
倉賀野河岸船数書上帳

覚

一江戸廻り船壱艘　勘七
一同　壱艘　喜助
一同　壱艘　源蔵

一同　壱艘　庄五郎
一同　壱艘　彦太郎
一同　壱艘　庄吉
一同　壱艘　庄松
一同　壱艘　宇兵衛
一同　壱艘　仙之助
一同　壱艘　茂助
一同　壱艘　七五郎
一同　壱艘　忠蔵
一同　壱艘　喜兵衛
一同　壱艘　善太郎
一同　壱艘　利太郎
一同　壱艘　利八
一同　壱艘　藤治郎
一同　壱艘　亀治郎
一同　四艘　長太郎
一同　五艘　庄兵衛
一同　三艘　新右衛門

〆三拾艘
内
一百俵積　拾壱艘
一百五拾俵積　六　艘
一弐百俵積　拾弐艘
一三百俵積　壱　艘

一船下船壱艘　権　兵　衛
一同　壱艘　新　　六
一同　壱艘　忠　治　郎
一同　壱艘　三右衛門
一同　壱艘　音右衛門
一同　壱艘　与右衛門
一同　壱艘　彦　四　郎
一同　壱艘　午　之　助
一同　壱艘　与　平　治
一同　壱艘　勇　　吉
一同　壱艘　新　五　郎
一同　壱艘　八十右衛門

一同　壱艘　　　　　　藤右衛門
一同　壱艘　　　　　　五左衛門
一同　壱艘　　　　　　善左衛門
一同　壱艘　　　　　　五兵衛
一同　弐艘　　　　　　長太郎
一同　三艘　　　　　　庄兵衛
一同　壱艘　　　　　　新右衛門
〆弐拾弐艘
是者五拾俵積ニ御座候得共、水之浅深次第ニ積高増し申候
一小船　壱艘　源　七
一同　壱艘　政右衛門
是者荷物弐三駄ゟ拾弐三駄積、江戸往来仕候
惣〆五拾四艘　当時有之候船高ニ御座候
右之通、船高相改書付差上申候処相違無御座候、以上
（朱書）
「天明六年」
倉賀野町
問屋年寄
新右衛門印
（朱書）
「天明六年」
午八月
同
藤右衛門印

同　喜太郎印
同名主　長太郎印
同　庄兵衛印
同　善左衛門印
名主　八左衛門印
同　五兵衛印

〔高崎藩領〕（高崎市倉賀野町　須賀健一氏所蔵）

右によると、天明六年八月の倉賀野河岸の船数は、江戸と往来するやや大型の川船が三〇艘、艀下《はしけ》船（五〇俵積位）が二二艘、それに小船が二艘で、合わせて五四艘であったことがわかる。

それでは、これらの船でどのような物資を江戸へ廻漕していたのであろうか。

貞享二年（一六八五）の倉賀野町役人の「覚書」（2）には、商人荷物運送の動向がつぎのとおり記されている。

覚

一御屋舗方諸御荷物
一往還御荷物并人船
　信州上州〆出申候
一多葉粉荷物
　越後ゟ出申候
一ぶり荷物
　信州ゟ出申候

上州艜船（『写真集　利根川高瀬船』（千葉県立大利根博物館、1994））

一うど荷物
上州ゟ出申候
一絹綿荷物
上州ゟ出申候
一麻　荷物
信州ゟ出申候
一からし荷物
同
一葺板荷物
右之通倉賀野船ニ而積来申候、尤荷主相対も新河岸、
河井川岸江も出申候
登船之覚
一くり綿荷物
一茶　荷物
右ニ色ハ中継仕候、此外何ニ而も積登申候
右之段丑十一月廿四日書付彦兵衛様江上ヶ申候、以上
貞享二年之控　倉賀野町役人共

これを見ると、近世初期に倉賀野河岸で取り扱っていた

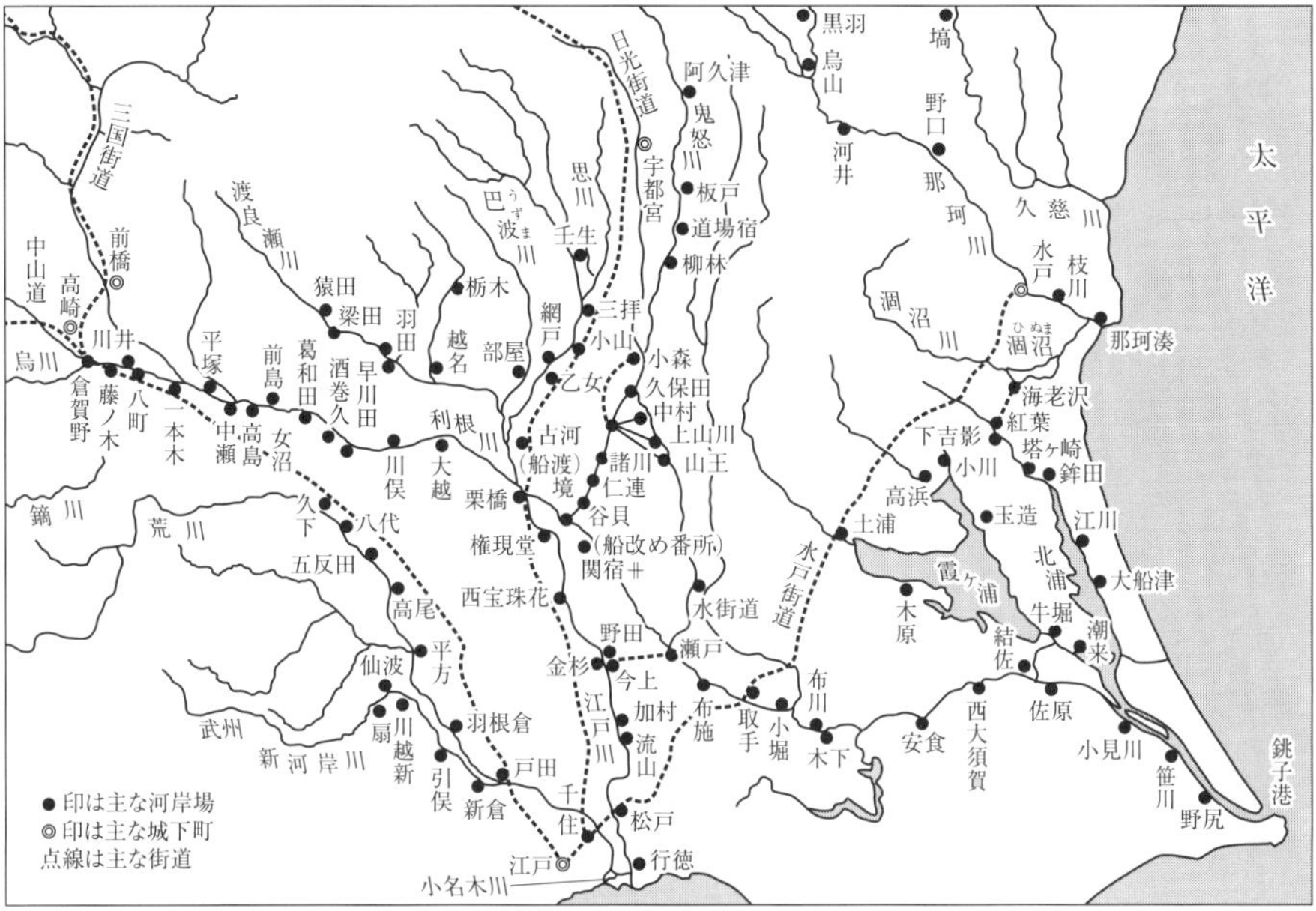

図1　関東河川交通図

商品物資は、越後からの多葉粉、信州からのぶり(鰤)、上州からのうど・絹綿、信州からの麻・からし(芥子)・茸板などで、江戸からの登り荷物としては、くり綿・茶などであったことが判明する。これらの川下げ物資はいずれも、上信越地方から中山道、あるいは三国街道を馬付けにして運び込まれたものと考えられる(図1参照)。

また、時代はやや下るが、明和四年(一七六七)四月付の倉賀野河岸荷物船賃規定(3)を見ると、同河岸の荷物と船賃がつぎのとおり記されている。

一上荷物壱駄ニ付	三百六拾四文
一館多葉粉壱駄ニ付	二百七拾弐文
一小麻壱駄ニ付	三百七拾弐文
一絹綿壱駄ニ付	五百弐拾四文
一蠟荷物壱駄ニ付	三百八拾文
一御会所米壱駄ニ付	三百文
一板貫壱駄ニ付	弐百五拾文
一□なし俵物	弐百文

一柏（カ）木壱駄ニ付　弐百七拾弐文
一銭時相場
右之通相定申候、明廿六日より船賃無
高下積送リ可申候為後日如件

亥四月廿五日

上年番
須賀長太郎　印
須賀庄兵衛　印
須賀喜太郎　印

下年番
堀口八右衛門殿　印
勅使河原八左衛門殿　印
須賀善左衛門殿　印
水谷善兵衛殿　印
鈴木庄右衛門殿　印
水谷伊左衛門殿　印
田口五兵衛殿　印

（須賀太郎氏所蔵）

これによると、商人荷物としては上信地方の多葉粉・麻・絹・綿織物・蠟荷物などであったことが明らかとなる。なお、参考までに付記しておくが、元禄十六年（一七〇三）三月の甘楽郡上野村（現甘楽町）のたばこ作付面積は、四町一反六畝二〇歩、耕作者は四五人であった。(4)

次いで、明和八年（一七七一）十月の勘定奉行石谷備後守（清昌）役所あてに差し出した「倉賀野河岸概況口書(5)」をみると、商人荷物の種類と駄数がかなり詳しく記されているので、その全文を左に紹介してみよう。

口書

此度外河岸々為冥加、御運上可奉差上御吟味奉請候処ニ私共河岸之儀落河岸ニ罷成候ニ付、外河岸々並合を以御運上奉差上度奉願候、倉賀野河岸之儀、往古ゟ百七拾年程以来運送家（稼）業仕来申候、元禄四未年同国那波郡玉村宿之者、船積荷物押之候ニ付、及諍論御裁許書御座候、本書者領主役所江差上置、写此度奉入御覧候、倉賀野宿高之儀弐千六百石、内六百五拾石、飯塚伊兵衛様御代官所、千九百五拾石、松平右京大夫領分ニ御座候、荷物之儀上り塩茶小間物、糠干鰯綿太物類凡弐万弐千駄程、船賃之儀水増減ゟ高下御座候、壱駄ニ付銭四百七拾弐文位船持共請取申候、壱駄ニ付蔵敷銭弐拾四文荷主ゟ私共江請取申候、口銭与申者無御座候、下り荷物米大豆麻、紙多葉粉板貫之類凡三万駄程運送仕候、船賃之儀俵物金壱両ニ付四拾俵ゟ五拾俵位、外荷物壱駄ニ付三百八拾文位、板貫壱駄ニ付弐百弐拾四文位御座候、水増減ゟ高下御座候、口銭之儀俵物板貫類八分、其外荷物者壱割宛船持共ゟ取来候、此度御運上奉差上度御吟味奉請、壱人ニ付永五百文宛上納可仕旨御請申上候、尤御運上差上候ニ付、口銭等相増候義曾而無御座候、御運上之儀此末御礼之上、外河岸々相増候ハヽ、其節私共義（カ）ゟ相増御上納可仕旨被仰付奉畏候、船持共之義何ニ而茂差障義無御座候ニ付召連不申候、此以後差障候儀も御座候ハヽ、私共引請何分ニ茂可仕候

右之通相違無御座候、依之口書差上申候処、仍如件

（朱書）「明和八年」
卯十月六日

上州群馬郡倉賀野川岸
船問屋　新右衛門
同　庄兵衛

長太郎煩ニ付代
悴
弥治郎

御奉行様

御勘定奉行石谷備後守様御役所、御勘定組頭辻左源治様御立合、御吟味請口書差上申候

江戸赤城明神下
宿
崎（ママ）玉屋　嘉助

（須賀健一氏所蔵）（傍線筆者）

これを見ると、倉賀野河岸の江戸向けの下り荷物としては、米・大豆・麻・紙・多葉粉・板貫の類およそ三万駄、江戸方面からの上り荷物としては、塩・茶・小間物・糠・干鰯・綿・太物など二万二〇〇〇駄であったことがわかる。したがって近世中期には、倉賀野河岸から上信地方の商品物資が江戸方面へ相当多量に運送されていたことが明らかとなる。

第二節　上州川井・新河岸と江戸廻漕商品

つぎに、倉賀野河岸からやや下流に位置する烏川左岸の川井河岸（佐波郡玉村町）の商品物資江戸廻漕について、明らかにしてみよう。

まず川井河岸には船積運送に従事していた荷船がどの位あったのか寛延三年（一七五〇）三月付の「船数書上控」(6)を紹介してみると、つぎのとおりである。

寛延三年三月　船数書上控

舟数書上申事

一本舟　壱艘　問屋《川井かし》久左衛門

一艀下船　壱艘　同　市郎右衛門

一小艀下船壱艘　同　同　人

一艀下船　壱艘　同　兵右衛門

一小艀下船壱艘　同　六左衛門

一小艀下船壱艘　同　五郎太夫

一本舟　壱艘　問屋《新かし》善左衛門

一艀下船　弐艘　同　同　人

一本船　壱艘　同　佐五右衛門

一艀下船　弐艘　同　同　人

一艀下船　弐艘　同　茂右衛門

合拾四艘　問屋船

内本舟三艘

同艀下船八艘

同小艀下船三艘

一本船　壱艘　半　七

一同　壱艘　長右衛門
一同　壱艘　作右衛門
一同　壱艘　六右衛門
一同　壱艘　安兵衛
一同　壱艘　市郎左衛門
一艀下船　壱艘　「　」
一同　壱艘　「　」
一艀下船　壱艘　小平次
一同　壱艘　新　六
一同　壱艘　源　七
一同　壱艘　弥兵衛
一同　壱艘　平九郎
一同　壱艘　長太夫
一同　壱艘　弥太夫
一同　壱艘　忠左衛門
一同　壱艘　六之助
一同　壱艘　三左衛門
一同　壱艘　与平次

一同　壱艘　清右衛門
一同　壱艘　次郎七
一同　壱艘小艀下　四郎八
一同　壱艘艀下船　弥平次
合弐拾三艘　町船
内本船六艘
同艀下船拾六艘
同小艀下船壱艘
右之通り船数書上申所相違無御座候、以上
寛延三庚午三月

川井かし
問屋六左衛門
同　市郎右衛門
同　五郎太夫
同　久左衛門
同　兵右衛門
同　八郎左衛門
新かし
問屋善左衛門
同　佐五右衛門

同　茂右衛門

寛延弐年　　　　　舟問屋　善左衛門　印

巳十一月　　　　　左五右衛門　印

茂右衛門　印

御米舟賃入札

金壱両ニ付

四拾八俵直

未十月晦日限

右之通差上申候、以上

右によると川井河岸には、問屋六人の所有船が本船四〇〇俵積位一艘、艀下《はしけ》船二艘、小艀下三艘であった。

また、川井河岸からやや下流の烏川左岸の新河岸（利根川・烏川合流点）には、問屋善左衛門所有の本船一艘、艀下船二艘、問屋佐五右衛門所有の本船一艘、艀下船二艘、問屋茂右衛門所有の艀下船二艘であった。これらを合わせると川井・新両河岸には本船三艘、艀下船八艘、小艀下三艘が稼動していたことが明らかとなる。

そのほか、両河岸には問屋以外の本船所有の船持が六人、艀下船所有の船持が一六人、小艀下所有の船持が一人いて、これら船持の所有船は合わせて二三艘であった。

このように艀下船が多いのは利根川上流の浅瀬のためで、両河岸からやや下流の武州中瀬河岸（深谷市）や関宿（野田市）河岸、あるいは利根川右岸の武州小島河岸（大里郡妻沼町）まで積荷を輸送し、それから本船へ積み換えて江戸方面へ輸送していたからである。

参考までに、艀下輸送に関する宝暦二年（一七五二）三月二十八日付の三河岸の倉賀野河岸荷物積み下しに関する「覚」[7]の史料を紹介してみると、つぎのとおりである。

覚

惣高

一荷物七万六千百六拾八壱（ママ）駄

但シ巳午未三ケ年

平均壱ケ年分

弐万五千三百八拾九駄程

此舟賃金千拾五両余

右者三河岸舟積ニ高御座候、尤右之舟賃之儀、三河岸他河岸共入込家業割合ニ罷出候、

是ゟ切抜差上申候○印迄

一倉賀野町元船之儀、川井かし新かしニ掛ケ置、くらかのゟ艀下斗ニて積下シ申候、但シ道法三里程御座候

一くらかの問屋共請候荷物之内、藤木河岸・八町かし・川井かし・新かし・山王堂かし問屋江引請積申候

一くらかの町与出入之儀、元禄四年末御裁許被仰付候、右ハ三河岸幷上新田・下新田相手倉加野町出入之儀

是ハけし申候

御座候間、白井町ニて構候儀ニ無御座候、尤白井町ゟ荷物以今参り申候

右之通り相違無御座候、以上

三河岸

申

三月廿八日　十一人　印

これを見ると、利根川・烏川上流右岸の川井・新・五料など三河岸の商人荷物取扱高は、寛延二年（一七四九）巳年から三か年で七万六一六八駄であった。これらの荷物は、倉賀野河岸から川井・新河岸まで小船で三里位の川路を積み下し、両河岸に待機していたやや大型の上州艜船などに積み換えて江戸へ運漕していたのである。

このように倉賀野河岸問屋の取扱荷物は、利根川上流の上州川井河岸や新河岸、それに武州藤木・山王堂両河岸の問屋へ依頼して、江戸へ運漕していたことが判明する。

この点につき宝暦七年（一七五七）九月十七日付の五料・新・川井三河岸問屋から前橋藩御船方役所へ差し出した江戸廻米に関する嘆願書(8)をみると、つぎのとおり記されている。

　乍恐以書付奉願上候

一御廻米江戸納方の儀、もめ俵之分升目相違無御座候、壱俵ニ付壱升ツ、弁米被仰付候ニ付、船頭共至て難儀仕候、此段御免成シ被下置候様奉願上候、御米之儀随分大切ニ仕候得共、当かしゟ平塚辺迄艀下ケ仕、本船積入申候、本船之義も小船ニ御座候者、惣而巻積ニ仕候、依之もめ俵出来仕候、右ニ付[　　]被下置候様奉願上候、右願之通り被仰付被下置候ハ、、難有奉存候、以上

　　宝暦七年丑九月十五日　三かし　拾壱人

　御船方御役所へ上ル佐五右衛門持参

これにより、前橋藩廻米は上州平塚河岸まで小船で搬送し、それからやや大型船に積み換えて江戸へ廻漕していたこともあったことがわかる。

それでは、これら河岸から江戸へ送られていた商人荷物の品目や数量はどのくらいあったのであろうか。明和八年

（一七七一）勘定奉行石谷備後守清昌に差し出した新河岸の「覚書」[9]には、つぎのとおり記されている。

明和八辛卯年四月廿九日御役所

覚

御勝手御勘定御奉行

石谷備後守様

御勘定御吟味役

篠田五郎左衛門様

辻　左源治様

御尋被遊候口書之趣

松平千太郎領分

上野国那波郡沼上村分ケ

新河岸

問　屋

登り下り荷物積高

米　大豆　板木　上荷物・沼田多葉粉　糀（ママ）　干鰯

繰綿　太物　小間物　油　塩　茶

右合凡四千駄程

善左衛門

但

登り荷物口銭七分を可取申候

下り荷物口銭十分一を可取申候

登り下り荷物積高

米　大豆　繰綿　干鰯　塩　茶

右凡五千駄程　九右衛門

但　右同断

登り下り荷物積高

米　塩　肴類

右凡千三四拾駄程　茂右衛門

但　右同断

船数合弐拾七艘　船主　弐拾五人

惣代四郎兵衛

右問屋善左衛門、同九右衛門同茂右衛門、三人惣代善左衛門ニ御尋被遊候、其河岸初り候而何拾年程ニ相成候旨、新河岸初り寛永元子年ニ取立申由、申伝ニ承り申候、荷物運送之儀壱ヶ年ニ付右ニ申上候通、沼田烟草之義者年ニより出候義も出不申候儀も御座候、其河岸ゟ領主江、冥加永成共御差出候哉与御尋被遊候ニ付、壱ヶ年ニ金壱両壱分ト鐚九百文ツ、差出申候、名目者何と致差出候旨被仰聞候、私共儀者河岸之運上与相心得差出シ申候、領主ニ而者河岸祝儀と御取納メ被成候、此度御公儀江御運上差上可申旨被仰聞、何程差上可申旨被仰聞奉畏候、併私共儀者荷物積送も少高、殊ニ領主江も冥加金差出候得者、外河岸並ニ御運上差上候儀難渋ニ乍恐奉存候、何卒壱人前永百文宛差上候様ニ被仰付被下置候ハ、難有奉存候、領主江も河岸繁栄之吉左右を以祝金差出

シ、其上此度ゟ　御公儀江も問屋株之運上候儀者、重々目出度事ニ候間、外河岸並ニ永百五拾文宛差上可申旨被
仰聞候、左も御座候得者鞠負河岸五料河岸並ニ永百五拾文宛差上可申由申上候処ニ、弥差上候様ニ御請仕候、且
船持惣代四郎兵衛方江問屋共申上候口書之趣、相違無之哉与被仰聞候処、問屋共申上通少茂相違無御座与御答申
上候、右口書之趣少茂違背仕間敷候、以上

明和八辛卯年四月廿九日

善左衛門

九右衛門

（須賀健一氏所蔵）（傍線筆者）

これを見ると、新河岸問屋善左衛門が取り扱っていた荷物の品目は、江戸向け下り荷物が米・大豆・板木・沼田多葉粉などで、上り荷物は肥料の糠・干鰯・繰綿・太物・小間物・油・塩・茶などであったことが判明する。また、善左衛門の荷物取扱高はおよそ四〇〇〇駄、九右衛門が五〇〇〇駄、茂右衛門が一三〇〇駄で、船数は二七艘と記されている。

これら新河岸の商人荷物と、先述の倉賀野河岸の概況口書に記されている江戸向け下り荷物の米・大豆・麻・多葉粉・板貫などの三万駄と照合してみると、上利根川筋からの商人荷物の品目と出荷量などのおおよそが明らかになったといえるであろう。

なお、寛政十二年（一八〇〇）九月付の信州高井郡八町村村石長右衛門が江戸大鋸町松屋次郎兵衛ならびに藤ノ木河岸小樽久右衛門あてに差し出した「一札之事」(10)には、つぎのとおり信州葉仕入金三五両一分を借り入れしたことが記されている。

一札之事

一金三拾五両壱分也信州葉八拾個仕入金子前金

右之通、慥ニ請取借用仕候処実正明白也、御返済之儀は、江戸表へ差出仕切之節、元利共ニ返金相済、貴殿へ少も御世話相掛ケ申間敷候、為後日一札依て如件

寛政十二年　　信州高井郡八町村

村石長右衛門㊞

九月

江戸大鋸町

松屋次郎兵衛殿

武州藤ノ木かし

小樽久右衛門殿

これにより、信州たばこが武州藤ノ木河岸（深谷市）まで馬付で運ばれ、江戸へ船積運漕して送られていたことが判明する。

第三節　上州平塚河岸と江戸廻漕商品

――大豆の取引と江戸廻漕――

1　文化二年の「荷請帳」からみた江戸廻漕商品

上州平塚河岸は利根川上流左岸に位置し、前橋・伊勢崎・桐生などの諸都市に囲繞されている。

近世初頭の明暦三年（一六五七）から元禄三年（一六九〇）にかけては、足尾銅山産出の銅瓦などを江戸へ廻漕した史

料[11]が残存している。

また、元禄三年には幕府の関八州の城米津出し河岸に指定されている。平塚から伊勢崎へは約三里、桐生へは四里、前橋へは七里の道程である。

さらに平塚河岸（太田市）は前橋・伊勢崎河岸を貫流する広瀬川と利根川の合流点に近接し、水陸両路の要地になっていたので、上利根川屈指の河岸場として栄えていたのである。

それでは平塚河岸は商品物資の運漕にどのような役割を果たしていたのであろうか。

文化二年（一八〇五）の「荷請帳」[12]（北爪家文書）により、その主な品目と数量を調査したのが表2である。

これによると、もっとも荷量が多いのが薪の四万二七〇〇束である。そのつぎが木炭の二万一三〇〇俵、これらは、いずれも前橋付近の商人から江戸へ出荷されたものである。

また、周辺村落から出荷された商品物資をみると、醤油二六八樽、酒粕三六七樽、それに大豆一五六俵などがある。そのほか桐生商人金子伝四郎・伊勢屋武兵衛からは、菜種・明礬がたびたび江戸商人へ送られている。

さらに天保期に入ると農業生産力の向上とあいまって、大豆を中心とした豆類の江戸向け出荷数がいちじるしく増大していたことが注目される。この点については次項で改めて述べる。

2　天保四年・六年の大豆取引と江戸廻漕

上州平塚河岸北爪家文書には「荷物取調帳」や荷物の「預り手形」が相当数残存しているが、そのうち天保四年（一八三三）十月から翌年九月まで一か年間の手形一〇九通により、大豆などの取扱数量を累計してみると、大豆四一四一俵、麦六九〇俵、米五九一俵、小豆一八四俵、大角豆六九〇俵、金時一〇俵であった[13]。

表2　文化2年(1805)　平塚河岸出荷表

品　名	数　量	送　り　方	仕　向　地
薪	42,700束	前橋付近商人	江戸，薪炭木材商
木炭	21,300俵	〃	〃
木材	3,639束	〃	〃
栗丸太	296本	〃	〃
米	77俵	近在名主等	江戸，領主
小麦	36俵	在郷商人	江戸，商人
大豆	156俵	〃	〃
小豆	32俵	〃	〃
酒	12駄	在町商人	江戸，商人
醤油	268樽	〃	武州，在郷商人
焼酎	2樽	〃	〃
酒粕	367樽	〃	〃

群馬県佐波郡境町旧河岸問屋北爪家、文化2年「荷請帳」により作成。

これは現存する手形から累計した数量であり、実際にはこれを大きく上回るものと考えられる(14)。

このように大豆の取扱量が圧倒的に多いのは、上州農村地帯の畑には天明三年(一七八三)の浅間山噴火の火山灰が大豆の生産に適していたからであると考えられる。

これら大豆を中心とした作物は、平塚河岸北方の前橋町、佐波郡田部井村(現東《あずま》村)、南は武州熊谷宿にいたるまで、相当広範囲に生産され、それらは河岸問屋に預け入れた手形を中心に売買取引されていたのである。

これら大豆取引に関する史料は、旧平塚河岸問屋北爪家に相当数残存しているが、天保六年七月関東取締出役河野啓助あての大豆や金時などの運送始末書(15)を、やや長文になるが左に紹介してみることにしたい。

天保六年七月　平塚村百姓・船乗り渡世安五郎外大豆運送始末書

御糺ニ付以書付奉申上候

羽倉外記支配所上州新田郡平塚村百姓ニ而船乗渡世仕候安五郎・同新蔵・同長左衛門・同源七・同喜重郎・同直次郎・同庄五郎・同源之丞・同勘太郎・同源右衛門煩ニ付、百姓政治郎、百姓舟問屋幾右衛門欠落ニ付、同人組合百姓弥左衛門煩に付、代百姓清右衛門、名主彦八郎出府ニ付、代兼同弥惣治、組頭□(儀)右衛門、吉右衛門、一同奉申上候、右幾右衛門儀、去巳二月以来弥左衛門老衰之上煩中ニ而、歩行者勿論言舌一切難相分ニ付、問屋渡世引請候所、近在之百姓方并商人津出し穀物横取致し、江戸并在方江船積売渡候ニ付、右積送有無御糺ニ御座候此段、安五郎外九人之者共、農間船乗渡世仕候処、去ル巳年以来、幾右衛門ゟ被相頼、米穀其外船積致候分左之通

一小豆拾六俵
金時　壱俵　　但四斗五升入　右
大角豆　壱俵　　　　安五郎船
〆拾八俵
此船賃金壱分　銀四匁弐分四厘
（ハリガミ）

此分仕切金之儀者
直右衛門方江受取□

是ハ巳七月廿五日出船、同廿九日江戸深川海辺大工町上州屋喜三郎方江着船、同所ゟ同所穀屋遠野屋儀兵衛方江水揚相渡、請取書者喜三郎方江取置候分

（中略）

一大豆五拾俵　　但右同断　　右長左荷門船
舟賃金弐分弐朱銀九匁六分三厘

是ハ去々巳十月五日出船、同月廿五日頃右喜三郎方江着船、同人方ゟ同所遠野屋儀兵衛方江水揚、右舟賃

□□（請取）、はしけ銭五百文喜三郎方受取、仕切金ハ幾右衛門請取

一大豆五拾俵　但右同断　右源七船

　此舟賃金弐分弐朱銀五匁三分五厘

是ハ去ル巳九月十四日出船、同月日不相知右喜三郎方江着船、前条遠野屋儀兵衛方江酒井出雲守様御領分、上州佐位郡伊勢崎町新井屋金右衛門送之積之所、江戸表江右金右衛門罷越、深川佐賀町山屋喜八方江水揚、右舟賃請取はしけ賃五百文喜三郎請取、仕切之儀者何れ江受取候哉、不相知候分

一大豆三拾俵　但右同断

　此舟賃金三分弐朱銀三匁

是ハ去々巳九月十四日出船、同月日不覚右喜三郎方江着船、前条遠野屋儀兵衛方江前条伊勢崎町新井屋金右衛門送之積之所、江戸表江右金右衛門罷越、江戸深川佐賀町山屋喜八方江水揚、右舟賃請取艀賃五百文喜三郎方江受取、仕切金ハ何れ江受取候哉、不相分候分

一大豆百俵

（ハリガミ）

大豆五拾俵　吉田屋源蔵行
同　五拾俵　いせや甚蔵行

（中略）

一大豆五拾俵　但四斗八升入

　此舟賃金三分銀弐匁弐分

是ハ午五月廿五日出船、六月上旬右喜三郎□（方へ）着船、江戸神田明神下玉川長左衛門方江水揚□（船）賃請取、艀賃

銭五百文喜三郎請取、仕切□請取候分、
合米拾八俵　　但□□□（四斗入）
合大豆四百拾五俵　但四斗八升入
小豆　拾六俵　　但四斗五升入
金時　　五俵　　但四斗五升入
大角豆　壱俵　　但四斗五升入
此舟賃金六両弐朱銀五拾弐匁八分八厘
外　艀賃四貫五百五拾文
右之通拾人之もの共、一同不正之品与者聊不心附、慥成品と存、船積送り賃請取候処、今般御取調之上、幾右衛門儀百姓手作并商人荷津出之□（荷）物横取売払候品々由、初而承知奉驚入、何卒此上御慈悲偏ニ奉願上候
（後略）

右は、平塚村百姓船乗り渡世の安五郎外五人が、天保四年（一八三三）七月から五年五月まで十一か月間に、大豆などを江戸へ運送した記録であるが、その運送量は大豆四一五俵、小豆一六俵、金時五俵、大角豆一俵であった。

さらに平塚河岸問屋北爪家には、在郷商人の農間穀商いの大豆取引に関する始末書が五点ほど残存しているが、そのうち一点を、これもやや長文になるが紹介しておきたいと思う（16）。

天保六年七月　新戒村組頭常右衛門・百姓要吉大豆買い受け始末書

御糺ニ付以書付奉申上候

佐久間与市知行所武州榛沢郡新戒村組頭常右衛門乱ニ付、百姓要吉奉申上候、羽倉外記様御支配所上州新田郡平

塚村問屋幾右衛門方ゟ、松平下総守様御領分武州大里郡熊谷宿百姓ニ而穀屋吉右衛門召使半兵衛ゟ、大豆買受候
始末御糺ニ御座候

此段常右衛門儀ハ高百八拾石余所持家内拾五人暮、農間穀商ひ渡世仕候処、私代ニ而所々買歩行候処、去八月
晦日、右吉右衛門代半兵衛ゟ大豆買請、左之通始末相成申候

大豆百俵　但四斗八升入
此代金三拾六両三分弐朱銭六拾
五文　但　金壱両ニ付
壱石弐斗弐升替
両替六貫六百文

是ハ右吉右衛門江代金相払候分

内

大豆五拾俵　但四斗八升入
此代金弐拾弐両　銀壱匁壱分　但　金壱両ニ付
壱石□升替

内大豆壱石五升　但　金壱両ニ付壱
石弐斗弐升替

此代金壱両弐朱　銀六匁弐分七厘
是ハ江戸積之節、壱俵四斗五升入無之四斗八升入
五十俵幾右衛門ゟ請取候ニ付、過石之分代金同人ゟ直買代金相渡候分

内金三分銀弐匁弐厘
是ハ大豆江戸小船町壱丁目嶋田屋清七方江□□（水揚）
武州榛沢郡高嶋村船頭ニ而百姓平吉へ右清七相渡候分

銭五百文
此銀四匁五分弐厘八毛
是ハ江戸着之節、江戸小網町壱丁目船宿関宿屋三右衛門へ艀賃相渡候分
銭百文
此代金弐拾両弐分弐朱
銀三匁八分七厘九毛
大豆五拾俵　但四斗八升入
但金壱両ニ付
壱石□斗六升かへ
内大豆壱石五升
但金壱両ニ付
壱石弐斗弐升かへ
此代金壱両弐朱　銀六匁弐分七厘
是ハ大豆五拾俵四斗五升入手形之処、幾右衛門方ニ四斗五升入無之ニ付、四斗八升入ニ書替不足大豆代金
同人江直ニ相渡候分
元買高金拾九両弐分弐朱　銀弐匁八分弐厘六毛
元買代金差引
此銀九分六厘
是ハ平塚村幾右衛門へ船積口銭差出候分
小以金三分弐朱銀八毛
差引
金弐拾壱両弐朱　銀壱匁弐厘
江戸問屋ゟ
仕切請取分

元買代金拾九両弐分弐朱　銀弐匁八分弐厘六毛
江戸問屋仕切金ゟ差引
金壱両壱分弐朱　銀五匁六分九厘四毛
是ハ元買ゟ江戸積仕切金差引利潤相成候分
金壱両銀壱分五厘三毛
是ハ吉右衛門買請直段与松平下総守様御領分武州幡羅郡江原村百姓三左衛門江売遣し候間、金□之分

右之通吉右衛門ゟ買請候後、江戸積并手形書替書面之直段ニ而、三左衛門方へ去年九月廿日売渡候処、同人儀直ニ同日金弐朱口銭取、長谷川太郎兵衛様御知行所武州榛沢郡中瀬村三右衛門方へ売渡候処、同人尚又同月廿三日村方組頭久兵衛へ売渡候積、手形へ書添相認メ候処、同人□　□右久兵衛ハ親類之間柄ニ付、右書添之儘、常右衛門方左之通買請

大豆五拾俵　但四斗八升入
此代金弐拾弐朱　銀弐匁五分八厘四毛　金壱両ニ付壱石壱斗八升□□（かへ）

右之通直段ニ而代金相渡手形請取、其後同月廿四日清水様御領知武州埼玉郡本川俣村名主鞍之助代勇司方江左之通

一大豆五拾俵　但四斗八升入
此代金弐拾両壱分　銀壱分八厘九毛
但金壱両ニ付壱石壱斗八升かへ

元直段差引　銀五匁壱分五毛利潤

右之通売渡、其後十月朔日、幾右衛門預手形右勇司方へ相渡候処、右大豆之儀ハ百姓手作并商人江戸積荷物河岸出之分幾右衛門横取売払候由、今般御糺ニ而初而承知驚入奉存、慥成品と心得候処、右次第ニ至り恐入奉存候、此上之御慈悲偏ニ奉願上候

右御糺ニ付少茂相違不申上候、以上

右要吉

差添人
組　頭　八左衛門

天保六未年七月

関東向御取締御出役

河野啓助様

（天保六年八月「俵物取調帳」から抜粋）

見られるとおり、これは武州榛沢郡新戒村（深谷市）組頭常右衛門の大豆取引の始末書である。右の記述によると、常右衛門は高一八〇石余の土地を所有し、農間商いをしていたが、たまたま去年八月晦日熊谷宿百姓の穀屋吉右衛門手代半兵衛から大豆一〇〇俵を金三六両三分二朱銭六〇文で買い入れ、そのうち五〇俵を江戸小船町一丁目嶋田屋清七へ売り渡し、残り五〇俵を埼玉郡本川俣村（羽生市）名主鞍之助代勇司へ、代金二一〇両一分銀一分八厘九毛で売り払っていた、という趣旨のものである。

これにより、当時河岸問屋へ蔵入れした大豆を江戸問屋へ売り渡したり、在郷商人の間で「蔵入れ預り手形」を中心として相当広範囲に売買取引していた実態が明白になったといえる。

そこでさらにもう一点、上州新田郡山神村（藪塚本町）名主由右衛門の大豆取引に関する始末書[17]を左に紹介してみよう。

天保六年七月　山神村名主由右衛門・悴市蔵預り大豆買い受け始末書

御尋ニ付以書付奉申上候

林肥後守領分上州新田郡山神村名主由右衛門煩ニ付、悴市蔵奉申上候、羽倉外記様御支配所同州同郡平塚村問屋幾右衛門ゟ預大豆買請候有無御尋ニ御座候

此段由右衛門儀高弐拾五石余所持、家内拾壱人暮ニ而農間穀商ひ渡世仕候処、去午八月廿日、同州同郡尾嶋村市三郎、右幾右衛門蔵入大豆之由ニ而、百俵両ニ壱石八升替ニ而、松平下総守様御領分武州幡羅郡明戸村百姓三郎治方ゟ翌市渡し積ニ而金三両相渡候処、翌市手形不相渡候ニ付、内金返済致候様勧メ候処不相返、無拠夫成ニ致候儀ニ而、右之外大豆買入候儀等一切無御座候

右御尋ニ付少茂相違不申上候、以上

右　市　蔵

差添組頭　市　之　丞

天保六未年七月

関東御取締御出役

河野啓助様

（天保六年八月「俵物取調帳」から抜粋）

これは上州新田郡山神村（現藪塚本町）の名主由右衛門の大豆取引の始末書であるが、これによると、由右衛門は天保五年（一八三四）八月二十日、新田郡尾嶋村（尾嶋町）市三郎から幾右衛門の蔵入れ預り大豆一〇〇俵を買い入れ、武州幡羅郡明戸村百姓三郎治方より翌市渡しのつもりで金三両を渡したが、手形が不渡りとなったので内金の返済を求めたが、返済されなかった、という趣旨が記されている。

これはやや複雑な取引事例であるが、当時、平塚河岸の問屋へ蔵入れした大豆の手形を中心として、上利根川流域

の上州と武州の商人の間で活潑に取引が行われていたことを裏付ける史料である。

またこれら史料により、天保期に入って大豆が、上州平塚河岸から舟運で江戸商人へ多量に送り込まれていたことも、明白になってきたといえるであろう。

そこで時代はやや下がるが、弘化二年（一八四五）の前橋町穀商人喜三郎と新田郡武蔵島村（尾島町）九左衛門の預り大豆取引をめぐる出入り訴状(18)を、やや長文になるが参考までに紹介しておこう。

乍恐以書付御訴訟奉申上候

松平大和守領分
上州勢多郡前橋細沢町
百姓
新兵衛煩ニ付代
召仕
訴訟人　喜　三　郎

北条雄之助様御代官所
同州新田郡武蔵島村
百姓代
相　手　九左衛門

預大豆出入

右訴訟人喜三郎奉申上候、主人新兵衛儀農間穀物売買渡世ニいたし、相手九左衛門ハ川岸附ニ而船積宿いたし候間、江戸積ニいたし候穀物蔵入相頼、則預り一札取之、船積いたし候後、蔵敷相払候間、去々卯年十二月十六日江戸積可致、大豆八拾俵相手九左衛門方江蔵入いたし、則預り手形取之、去辰正月中ニ相成、右大豆小網町壱丁目伊勢屋佐吉方江売渡候間、船積いたし呉候様相頼帰宅いたし罷在候処、其後同年三月、同人方ゟ約定之大豆入船無之、時日押移候而者相場下落およひ候哉難計旨、手紙到来いたし候間、直様相手九左衛門方江罷越承候処、船都合悪敷不積出候間、早速船積可致旨則積帳江相記候間、相違無之与存帰宅いたし、右之趣も主人新兵衛より

小網町佐吉方江文通を以為相知候処、同年四月下旬末、大豆着船無之趣返書到来いたし、甚不審ニ付、猶又九左衛門方江罷越、今以大豆不積由便船無之候ハヽ、同人川岸続船積宿名主庄左衛門方江相頼候間、蔵内大豆相渡候様申聞候処、九左衛門儀預り置候大豆、実者去々極月中、大豆直段引揚候間、金子融通ニ売払候旨申ニ付驚入、右大豆ハ小網町伊勢屋佐吉方江売渡置候品ニ付-無沙汰ニ被売払候而者同人江対無申訳、怔合相撰急速償可申旨懸合候処、新大豆出来候得ハ早速買求相返候間、七月迄相待呉候様申之、右候而者甚迷惑ニ者候得共、無致方勘弁相待候処、及其後大豆違作およひ、買入埒明不申抔申之等閑置候間、取詰懸合候処、此節ニ相成候而者買入出来兼、代金ニ而償度候得共、是以一度ニ者済方難成候間、追々請取候ハヽ、可相払、右を不承知ニ候ハヽ、勝手次第可致抔申之、更ニ取敢不申、誠ニ不法之所業ニ付難捨置、無是非今般御訴訟奉申上候、何卒以　御慈悲相手九左衛門被召出、前書不法之仕業逸々御吟味被成下、預り置候大豆不残取揃相渡候様被　仰付被下置度奉願上候、以上

松平大和守領分
上州勢多郡前橋細沢町
百姓
新兵衛煩ニ付代
召仕
訴訟人　喜　三　郎㊞

弘化二巳年

御奉行所様

右によると、上州勢多郡前橋町の百姓喜三郎は武蔵島村（新田郡尾島町）百姓九左衛門方へ大豆八〇俵を蔵入れしたあと「預り手形」を受け取り、その後、江戸小網町一丁目の伊勢屋佐吉方へ右大豆八〇俵を売り渡し、九左衛門方へ右大豆を伊勢屋佐吉方へ船積運送してくれるよう依頼したが、その後、伊勢屋佐吉方に問い合わせたところ、大豆が入船していなかったことが判明した。そこで九左衛門方へ行き問い糺し、船積してくれるよう要望したが、その後

も着船せず、是非無く訴訟に踏み切った、という趣旨である。

これにより、弘化期になっても上州地方では、在郷商人の間で大豆の取引がかなり盛んであったことが裏付けられる。

こうした大豆取引に関与していた上武両州の在郷商人は、どのくらいいたのであろうか。この点につき、平塚河岸北爪家の天保四年から六年頃にかけての「預り手形」「俵物取調帳」によって調べてみると、表3のとおりである。

表3　天保期　平塚河岸出入穀商人

所在地	人　名	備　考
上州前橋町	藤屋藤兵衛	江戸と取引
〃	新井屋金右衛門	
伊勢崎町	新井屋甚五右衛門	江戸と取引
〃	紙屋源蔵	
境　町	井筒屋伝右衛門	田畑3町余所持
芝　宿	川野浅吉	
〃	いせや浅治郎	河岸問屋 江戸と取引
平塚村	北爪清右衛門	〃
〃	内田幾右衛門	
〃	福嶋甚右衛門	
上茂木村	池田儀右衛門	
下茂木村	下城久右衛門	
木嶋村	孫右衛門	江戸と取引
中江田村	儀八	
上武士村	儀右衛門	年寄
下武士村	武兵衛	高7石余所持
上田中村	秀之進	
下淵名村	三八	
山神村	小川由右衛門	
荒子村	伝蔵	
武州熊谷宿	髙橋仁兵衛	
〃	吉右衛門	田畑2反8畝 組頭高180石所持 江戸と取引
新戒村	為右衛門	
〃	伊之助	
江原村	三左衛門	
高島村	吉右衛門	河岸問屋
本川俣村	鞍之助	名主
不　明	田ケ谷弥市右衛門	
〃	錦屋政吉	
〃	金井半平	
〃	中嶋七平	
〃	須賀藤兵衛	
〃	宮崎甚蔵	
〃	渋沢惣助	
〃	指田吉右衛門	
〃	利右衛門	

天保4～6年預り手形，俵物取調帳による。一回の取引量50俵以上の有力商人と推定される者のみを記した。

これを見ると、前橋町・伊勢崎町をはじめ上州の村々、武州の熊谷宿、新戒村・高島村・江原村(以上深谷市)、本川俣村(羽生市)など、相当広範囲に及んでいたことが判明する。

以上が、天保・弘化期における上州平塚河岸を中心とする大豆取引と江戸廻漕、それに江戸地廻り経済進展の一断面である。

第二章　中利根川水運と江戸廻漕商品

第一節　古河船渡河岸と江戸廻漕商品

――大豆取引を中心に――

常州古河船渡河岸は、奥州街道の宿場町、古河藩の城下町に包摂された河岸場で、商品物資の江戸との交流が盛んであった。

古くは、延宝九年(一六八一)六月付の船渡町善兵衛から古河藩奉行所あての「口上書」[19]があり、それを見るとつぎのような文言が記されている。

乍恐口上書を以御訴訟申上候御事

一御当地舟渡かし之儀は、従前々　殿様御川岸ニ御座候、往還之儀ニ御座候而　御川岸端ニ罷有候故、遠国之商人
私方江廿六七年以来、荷物ヲ送り申候ニ付宿仕、当春中迄仕来申候御事

(一か条略)

一此度奥州南部領商人荷物之儀ニ付、武州行田町商人問屋弥次右衛門と申者、川役問屋十郎兵衛と申者ヲ当舟渡町
六人之組頭共へ訴訟ニ罷越候、前々之通善兵衛方江荷物送り申度由ニ而廻り申、色々訴訟申候へとも、此段内談

ニ而返事申事、不罷成候と申切り、剰御追放何やうニあひ申共、善兵衛方へ着申義ハ、罷成間敷候由申候、則十郎兵衛野渡村江荷物送申筈ニ相極罷帰候、弥商人衆も大事之荷物ヲ、六人方へ替り〱ニ送り申候事不足と申、野渡かし宿引申候御事

右之条々少も偽りは無御座候、六人之組頭共被御召出、前々之通りニ宿被為仰付被下候ハ、難有可奉存候、委細之義ハ御尋之上可申上候、以上

舟　渡　町

延宝九年

善　兵　衛

酉ノ六月

御奉行様所

これにより、近世初期の延宝年間頃から南部領の商人荷物を取り扱っていたことが判明する。ちなみに善兵衛は河岸問屋であったと推察される。

その後正徳六年（一七一六）六月には、船渡河岸問屋口銭を古河藩勘定所が受け取ったことを示すつぎのような証文(20)もある。

書　替

未十二月廿八日納

一　金拾八両壱分ト銭七百壱文

右は午ノ三月より未之十一月迄、船渡河岸口銭之由、御金元納り手形壱枚請取申候、以上

正徳六申ノ六月五日

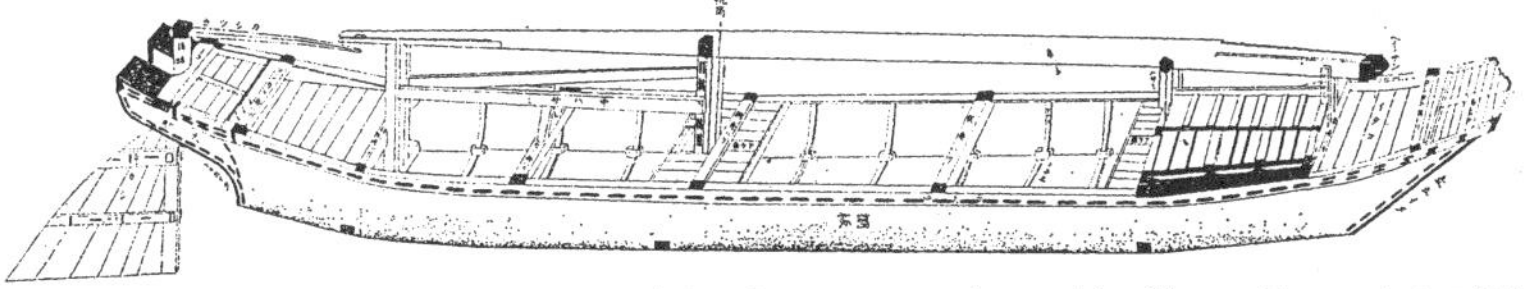

高瀬船　関東川々所ニ有之　上口（長３丈1,２尺～８丈8,９尺　横7,８尺～１丈6,７尺）

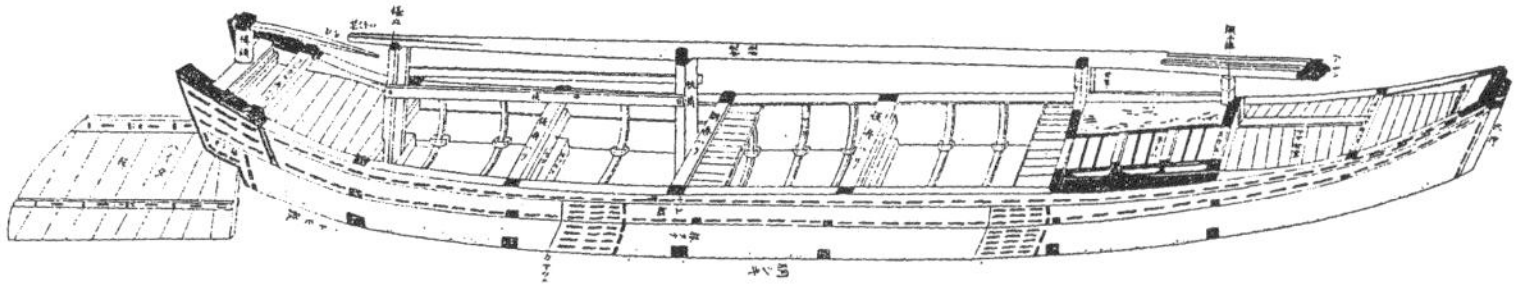

艜船　俗ニ上州ヒラタ　上利根川通ニ有之　上口（長5丈1,２尺～8丈位　横1丈位～1丈3,4尺位）

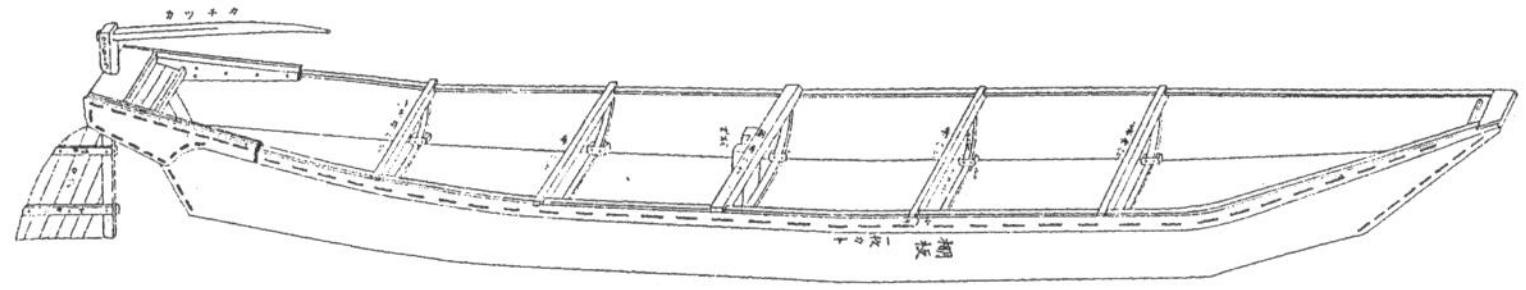

部賀船　巴波川・思川・渡良瀬川通ニ有之　上口（長４丈4,５尺　横8,９尺）

図２　川船図

御勘定所印㊞

中村与惣殿

これは、船渡河岸取扱商人荷物から問屋が収取した運賃・蔵敷銭に対する上納金の受取証文である。

それでは一体、船渡河岸にはどのくらいの船が稼動していたのであろうか。宝暦九年（一七五九）の『川船御用留』[21]には、つぎのように記されている。

覚

一　高瀬船　十四艘
一　艜　船　弐艘
一　中艜船　三艘
一　部か船　九艘
都合廿八艘
右之通舟数御座候、以上
舟問屋貞五郎

これを見ると宝暦九年には、高瀬船・艜船・中艜船・部賀船など合わせて二八艘もの船が稼動していたことが明らかとなる。

それではこれらの船で、江戸と往来してどのような商品物資を取り扱っていたのであろうか。

安永五年（一七七六）八月付で古河藩御船奉行に差し出した船渡町船持・問屋善左衛門の大豆取引に関する「口上書」(22)には、つぎのような文面が記されている。

乍恐以口上書奉願候

一御船之儀先月上旬御荷物少ク御座候段、商荷物差荷被仰付、同下旬ニ弐艘商荷物御積入被仰付候、尚又当時壱艘御積入可被仰付段奉承知候、然ル所当春中ゟ荷物甚少ク、其上新大豆出来仕候而も、存之外市場へ出方薄ク、当二日市漸弐百俵余出来仕候処、栗橋町之商人相調、則右河岸之舟へ積入申候、并四日七日両日之市ニても六百俵程も出来仕候所、権現堂辺之商人相調、則積船右河岸ゟ弐艘差越申候、九日之市ニ而も何程俵数出来仕候哉、是も権現堂辺之商人相調候沙汰相聞申候、新大豆出来当時迄他所舟又は栗橋之船出候、俵数凡弐千八九百俵程御座候、私共江戸へ運送仕候大小豆ニ而、俵数漸三千弐三百俵程ニ而、渡世甚薄当春ゟ是迄江戸往来漸三四度宛之儀ニ而、渡世取続兼甚困窮仕罷在候、殊ニ当月ゟ御年貢御取立ニて旁以甚難儀仕候、依之無拠御願奉申上候、已来御船之下り商荷御積入之儀、何卒御用捨被成下候様奉願上候、船居合不申、他所船相雇候儀も有之節は、御船之儀御窺可申上候、右之趣以御慈悲御聞済被成下候ハヽ、一同難有奉存候、乍恐以口上書奉願上候、以上

安永五年申八月　新之丞印　権七印
弥七印　八兵衛印
平吉印　忠右衛門印
金四郎印　七兵衛印

舟渡町舟持

太郎兵衛印　　半四郎印
安兵衛印　　伝兵衛印
兵助印　　重右衛門印
清二郎印　　瀬左衛門印

前書之通舟持共無拠奉願上候、御聞済被成下候ハ、難有可奉存候、以上

申八月　　問屋　善左衛門印

御船御奉行様　　十二日菅沼団八殿取次ニ而差出ス

御役所

（傍線引用者）

これを見ると、船渡町では大豆取引が活潑に行われ、古河以外の他所船、栗橋船の運送量は二八〇〇～二九〇〇俵もあり、船渡河岸からの運送量は大小豆合わせて三二〇〇～三三〇〇俵であったことがわかる。

また、天明五年（一七八五）船渡河岸の江戸との登り下りの商品運送量を記したつぎのような史料[23]もある。

天明五巳年揚荷員数改左之通

一筒類其外高七千七百拾三固程
是迄平均四固三文積り
四分増分
弐貫四百文程
一油酢高弐千四百七拾四駄程
四分増

三貫八拾程
一醤油明樽高三千三百七拾壱枡程
是迄三枡壱文之処
四分増
四百六拾文程
一糠高壱万三千六百五拾八俵程
四分増
五貫六百文程
一粕・干鰯高千七百拾八俵程
四分増
五百八拾五文程
一斎田塩高壱万七百八拾七俵程
四分増
三貫四百文程
一赤穂塩弐千八拾俵
四分増
八百四拾文程
一穀物類千弐百五拾五俵

四分増
　五百文程
増方〆拾六貫八百文程　　但し是迄壱文ニ付四分増
　　瓦灰蛤等不加入
右八年中積出し員数如左
一穀物高四万千四百五拾六俵
　四分増
　　拾六貫四百文
一同三千九百五拾九俵　近在積分
　同断
　　壱貫六百文程
一醤油高壱万弐千八百三樽
　四分増
　　弐貫五百六拾文程
増方〆拾八貫九百文
　　但し真木筏其外不加入
往来江
　　惣〆三拾五貫七百文程

当午年ゟ壱ヶ年分可取増分積り

右之通去巳年中荷高相改、是迄之壱文ニ四分増、書面之通有之候　（傍線引用者）

見られるとおり、天明五年の江戸からの河岸揚げ荷物には、油・酢二四七四駄、醤油明樽三三七一枡、糠一万三六五八俵、粕・干鰯一七一八俵、そして斎田塩一万七八七俵、赤穂塩二〇八〇俵、穀物類一二五五俵であった。これに対し江戸への積出し高は、穀物類合わせて四万五四一五俵、醤油一万二八〇三樽であったことが明らかとなる。

右により、近世中期になると商品物資の取扱高が相当多量であったこと、特に江戸向けの醤油が一万二八〇三樽であったことが注目される。

なお、参考までに宝暦十三年（一九六三）古河領下宮村（渡良瀬川下流）付近で遭難した船舶の「破船覚」(24)を紹介してみると、つぎのとおりである。

（表紙）「宝暦十三年未八月廿八日朝
下宮村ちい地渕ニ而破船覚
舟渡町
舟主　彦次郎」

覚

一大豆百八拾三俵
一小豆五俵
〆百八拾八俵

内
大豆三俵不足
小豆壱俵不足
残有俵百八拾四俵皆濡
内　拾五俵分減石
残百六拾九俵也　但本俵ニ〆
外ニ大豆弐俵分程
是ハ其後船浮候節、船低（底）ゟ取出ス
此入用
一壱貫百文　米　代
一五百文　酒　代
一九拾文　たはこ壱斤　世話成候店へ之礼
一百八拾四文　同弐斤　下宮村役人中へ礼
一三百五拾文　そうめん弐貫目　佐野船へ礼
一金壱分　佐野舟壱艘大豆　積下し候礼
一壱貫文　小船弐艘右同断
〆金壱分ト三貫弐百三拾文場所ニて入用
右は海老瀬村ニて致舟積下り候節、八月廿八日朝、下宮村ちい地渕下ニて致破船候ニ付、早速場所へ立会候処相

違無御座候、右入用差出此後無出入相済申候、以上
幸手在木立村
荷主　平右衛門㊞
宝暦十三年未九月
古河石町
世話人　吉兵衛㊞

これは、渡良瀬川下流右岸の海老瀬河岸（上州邑楽郡板倉町）から江戸へ出船の途中で難船した記録であるが、その積荷は大豆一八三俵・小豆五俵であった。

そのほか、寛政年間（一七八九～一八〇〇）に入ってから、古河領の村々から大豆を江戸向けに出荷した左のような記録(25)もある。

大麦六斗入ゟ七斗入位迄口銭之事

一伊坂村ゟ大麦廿俵、石町十右衛門方へ庄右衛門舟ニ積入候段、六斗入送状ニ而七斗位入十俵ほと有之、甚重ク有之由、庄右衛門申聞候ニ付、十俵分ハ口銭弐文ツ、取候事後十右衛門方ニ而廻り方見候処、六斗弐升ゟ七斗位迄出候由、庄右衛門物語候
午十二月

但駄賃三俵廿壱文外九文ツ、廻り道分〆三十文ツ、、并俵分秋中ゟ請取来候処、右之分ハ三俵ニ付四拾文ツ、請取候段、馬方三次郎相紐置候事

（寛政元年）
一大小豆百拾四俵　生井村積　駿河屋弥助文次郎舟
己酉八月

（同四年）
口銭書出し取候事

壬子八月
一同〆四百俵　右同村積　米屋伝十郎 茂七舟

同月
一　同〆三百六俵　右同断　嶋屋半蔵 左平次舟

右両人分暮ニ書出し口銭相済候事

（同七年）

乙卯九月
一大豆三百廿七俵　飯積村積　米屋伝十郎 茂七舟

暮書出し口銭取候事

同月
一同　九拾俵　右同断　絹屋理右衛門 左平次舟

右同断

（同六年）

甲寅九月
一同　七拾五俵　飯積村積　米屋庄八 左平次舟

一同　七拾俵　麦倉土部積　宮原屋新七分

一同　百八俵　飯積村分 土部前喜右衛門別ニ候

一同　四拾七俵　大曽村積

〆三百俵暮書出し口銭取候事

これは船渡町河岸問屋が古河周辺から川船で出荷した大麦や大豆から口銭を徴収した記録であるが、これを見ると思川下流に位置する生井村（栃木県芳賀郡茂木村）から寛政元年（一七八九）に大・小豆一一四俵を駿河屋弥助が文次郎船で出荷し、寛政四年八月に同村米屋伝十郎が大・小豆四〇〇俵を茂七船、同三〇六俵を同様嶋屋半蔵が左平次船などで出荷し、寛政七年九月には大豆三二七俵を米屋伝十郎が茂七船で利根川左岸の飯積村（北埼玉郡北川辺村）から出荷していたことが明らかとなる。

したがって寛政期に入っても、古河周辺の村々から大・小豆が江戸向けに相当数出荷されていたことが明らかとなってくる。

これら大・小豆の運送に関与していたのは、いずれも古河町の商人、船渡河岸の船持船頭であった。

このような農作物のほか、寛政六年・八年には武州葛飾郡伊賀袋村（現加須市）からは、左のとおり瓦が江戸浅草向けに出荷されていたことも注目される(26)。

伊賀袋村瓦口銭□（虫）之事

甲寅七月
一瓦数四千枚　　伊賀袋村 瓦屋徳五郎

江戸浅草舟賃壱両ニ而為相対積、金四郎舟口銭弐百文申達候而取寄、例之通送候、致加判候、

同閏十一月
一同数四千枚　　同村 瓦屋甚八

江戸行浅草へ舟賃右同断　金四郎舟口銭弐百文申遣候而取寄候、

丙辰九月
一同五百枚積入候由　　同村 瓦屋藤吉

右麦倉村惣助殿当河岸千（カ）二郎舟ニて積遣候□（処カ）数不知候付、千枚六拾文割ニ口銭遣候様書付遣候得は、五百枚積入口銭三十文藤吉ゟ差遣候事、

右は利根川右岸に近接する伊賀袋村（加須市）の瓦屋徳五郎外二人から、瓦合わせ八五〇〇枚を川船へ積み込んで江戸浅草の商人へ送り込んでいたことを示すものである。

このように江戸地廻り経済の進展とあいまって、古河付近の農村から諸物資を江戸へ廻漕していた古河船渡河岸の船持船頭は、一体どのくらいいたのであろうか。参考までに古河船渡町の名主・問屋平兵衛から古河藩船方役所へ寛

政四年（一七九二）九月付で差し出した「船数書上帳」(27)を左に紹介しておこう。

覚

下総国葛飾郡古河舟渡町

御年貢長銭四百五拾文
一舩船壱艘　役銭三十匁九分八り　舟主　権兵衛

同三百文
一茶船壱艘　同弐十匁六分五り　同　八兵衛

同弐百文
一同船壱艘　同十三匁七分七り　同　平四郎

同弐百文
一同船壱艘　同十三匁七分七り　同　金次郎

御年貢長銭三百文
一茶船壱艘　役銀廿匁六分五り　舟主　庄左衛門
御役銀附ハ無御座候

同百五拾文
一同船壱艘　（抹消）「同十匁三分弐り七　三り認」　同　平吉

同七百文
一中艜船壱艘　御役銀　同四十八匁壱分九り　同　七左衛門　五も

※「此船上州邑楽郡赤岩村理兵衛方江売渡申候、御書替不仕候」

（中略）

※

都合拾五艘
高瀬船七艘　江戸往来仕候
艜舟壱艘　右同断
中艜舟壱艘　右同断
舩舟壱艘　地廻稼仕候江戸往来仕候義稀ニ御座候
茶舟五艘　右同断

一同船壱艘　同九百五拾文　同六拾五匁四分ト認　壱り改認遣ス、　同　重右衛門　七も五
戌十月中

一同船壱艘　同壱貫百文　同七十五匁七分三り　同　半右衛門　五も
戌十月中
此船野州都賀郡野渡村長左衛門方ゟ右同断

一同船壱艘　同九百文　同六拾壱匁九分六り　同　平　八　五も
戌十月中
此船右同村定右衛門方が右同断

一同船壱艘　同壱貫文　同六十八匁八分五り　同　重次郎
当六月中
此舟武州葛飾郡栗橋町次助方ゟ右同断

一似艜船壱艘　御年貢長銭八百文　役銀五十五匁入り　舟主　権　七
当九月中
此船武州埼玉郡家郷村代五郎方ゟ右同断

一同船壱艘　同八百文　役銀五十五匁八厘　同　金四郎
戌九月中
此船下総国葛飾郡貝谷村伊兵衛方ゟ右同断

一中艜船壱艘　同六百文　同四十壱匁三分六り　同　平左衛門
当亥九月中
此船武州葛飾郡栗橋町平蔵方ゟ右同断

当亥六月中
此船右同町庄兵衛方が右同断

川船数
都合弐拾五艘

内訳
高瀬船拾四艘　江戸往来仕候
艜船壱艘　右同断
中艜船弐艘　右同断
似艜船弐艘　右同断
艀船壱艘　（地廻稼仕候、江戸往来ハ稀ニ御座候）
茶船五艘　右同断
右之通此度用船御改被仰出候ニ付、川筋渡世仕候船、壱艘も洩し不申相改帳面へ認差上申候、書面之通少も相違無御座候、已上
寛政四年子九月
古河船渡町
名主問屋　平兵衛
御船方
御役所

見られるとおり、寛政四年（一七九二）当時、古河船渡河岸には合わせて二五艘の川船が稼動していたが、そのうち常時江戸と往来していたのは高瀬船一四艘、艜船一艘、中艜船二艘、似艜船二艘の合わせて一九艘であった。これらの船主（船持船頭）はいずれも城下町の入江一か所に居住し、河岸問屋平兵衛の差配を受け物資の運漕に従事していたのである。

ところで、これらの船持は一体どのくらいの積荷を運んでいたのであろうか。寛政七年の領主米運送の記録(28)を見る

とつぎのとおりである。

一弐百俵　十二月七日出船　藤七舟
一三百俵　壱月十七日出船　佐次左衛門舟
一四百俵　当二月四日出船　孫七舟
一四百廿俵　同　九日出船　安兵衛舟
一四百八拾俵　右同断　伝兵衛
〆千六百俵　但安兵衛義ハ旧冬留置候舟ニ無之候

右によると、船一艘につき米二〇〇俵から四八〇俵を積載して運んでいたことがわかる。

それから参考までに、寛政九年十一月七日昼過ぎ、古河船が江戸へ通船の途中に権現堂川付近で破船した船渡河岸平右衛門所有の高瀬船の積荷を見ると、つぎのとおりである(29)。

覚

三人乗
高瀬船　壱艘　舟渡町家持 舟主平右衛門

此積合荷物
米　弐百拾四俵　内三拾五俵 少し濡
大豆　廿三俵
水油　壱樽
油粕　百八十七枚　四十樽濡

醤油	百三十五樽	五十三樽濡
箇物	十三箇	
堅真木	四百八十束濡	

これを見ると、米・大豆・醤油など古河周辺農村で生産された商品物資が川船で江戸へ廻漕されていたことが明白となる。

なおもう一点、文化十一年（一八一四）二月四日に渡良瀬川上流右岸の小生川《おぶがわ》河岸（現足利市福富町）の船主半右衛門の高瀬船が、同川下流の本郷村（現北埼玉郡北川辺町）付近で難船した際の記事(30)を左に紹介しておこう。

覚

一高瀬船　野州梁田郡小生川村　舟主　半右衛門

積入荷物

米	五拾五俵	内四俵流失
大豆	四俵	
炭	五百俵	内四十八俵流失
多ば粉	五拾俵	内三俵同断

（後略）

野州小生川村（現足利市福富町）からの出荷品は、米・大豆のほか、炭五〇〇俵、たばこ五〇俵であった。

以上が近世中後期に入ってからの、利根川・渡良瀬川合流付近に位置する古河領の船渡河岸を中心とした商人荷物の江戸廻漕のあらましであるが、江戸地廻り経済の進展とあいまって、米や大豆、それに醤油のほか、渡良瀬川上流の足利方面からは炭やたばこなどが生産され、江戸向けに相当多量に船積運送されていた事実が明白となったであろう。

第二節　境河岸問屋と江戸廻漕商品

利根川中流左岸に位置する総州境河岸は、近世初期から中期にかけて、鬼怒川水運で輸送されてきた物資や野州農村で生産された商品物資の江戸へ廻漕する要地として、頗る繁栄していたのである。

そこでまず、これら物資の輸送に稼動していた船数について紹介してみると、宝永三年（一七〇六）の「指出帳[31]」によると、高瀬船・茶船合わせて三一艘、小茶船が一二艘、草刈小船が二四艘で、これらを合わせると六七艘であった。

1　元文期の木綿・晒木綿の江戸廻漕

先ず境河岸問屋の元文二年の『大福帳[32]』により当時の主要荷物であった木綿・晒木綿の江戸廻漕状況について明らかにしてみよう。

右帳簿から木綿・晒木綿の出荷数を商人別に拾い出してまとめてみると、表4のとおりであった。

これによると、もっとも出荷量が多かったのは結城地方（茨城県）で、出荷者一〇人の出荷量は九〇駄と三四個であった。そのうち関三郎兵衛はひとりで一五回、七五駄を出荷していたことが注目される。

次いで出荷量が多かったのは下妻地方で、出荷人四人で四四個を出荷し、真岡は二人で四個の出荷であった。

なお、参考までに付記するが、筆者の調査によると、木綿一個はおよそ一二三反位と推定される。また、木綿一駄は二個と思われる。

2 天明・寛政・天保期の木綿の江戸廻漕

つぎに天明七年・八年（一七八七～八八）に野州下館商人から江戸木綿問屋へ売り渡していた晒木綿の動向について表示してみると、表5のとおりである。

これを見ると、下館町（茨城県）の木綿買継立商人間々田清兵衛・中村兵左衛門両人から江戸木綿問屋へ売り渡していた晒木綿は、二か年分で五九二八反であったことがわかる。

また、寛政元年（一七八九）下館の間々田清兵衛から江戸木綿問屋大伝馬町戎屋六郎治他七人の木綿問屋へ売り渡した数量は、表6に示したとおり四四七二反であったことが明らかとなる。

これら下館商人の木綿出荷の独占的な運漕に携わっていたのは、境河岸の問屋小松原五右衛門であったことが、天保四年（一八三三）十二月付の野州真岡・下館・真壁・宇都宮の木綿買次問屋など六人から江戸両組問屋商人にあてたつぎの「入置申一札之事」(33)により明らかとなる。

天保四年両組え差出ス書付

入置申一札之事

一木綿荷物品之義、往古より御規定物ニ有之ニ付、各々御両組問屋之外無株ニては、諸国山元より直買値引請不相成候儀、文化二丑年厳敷被抑渡有之砌、私共仲間一同以連印聊御趣意相背申間鋪段、各御両組え一札差入置候、其後堅相守渡世致来候、然ル共諸国之中ニは猥ニ相成候場所も有之、古来より毎月　御公儀様え木綿積出入共、

表4　元文2年(1737)8月～12月　境河岸木綿・晒木綿出荷表

出荷地	商人名	数量	出荷回数	船賃	荷受商人
結城(茨城県)	関　三郎兵衛	75太	15		元はま町　山崎助左衛門
〃	弥右衛門	13太	5		
〃	太兵衛	1太(3個)	1		四谷伝馬町　田刈屋吉兵衛
〃	安兵衛	1太	1		
〃	奥沢又左衛門	12個	3		境や庄三郎
〃	喜兵衛	11個	2		結城や源右衛門
〃	平兵衛	6個	1	258文	
〃	彦兵衛	2個	1	129文	
〃	山田屋伝八	1個	1		
〃	つたや小兵衛	2個	1		いせ町　砂岡十兵衛
下妻(茨城県)	川澄市郎右衛門	24個	10		伝馬町　境や庄三郎 宮田久右衛門
〃	野尻六右衛門	12個	4		〃
〃	藤　助	5個	2		〃
〃	石倉勘左衛門	3個	2		南伝馬町　戈賀や茂右衛門
真岡(茨城県)	塚田理右衛門	晒　2個	1	234文	
〃	塚田弥左衛門	〃　2個	1	129文	
久下田(茨城県結城郡)	塚田弥右衛門	〃　4個	2		本町4丁目　柏屋孫左衛門
〃	安田平八	4個	4		
〃	与八	1個	1	32文	
まかへ(茨城県真壁郡)	中村武右衛門	3個	3	129文	
さの(佐野市)	世平	晒　2個	1		
〃	金子瀬兵衛	2個	1	100文	
宗道(茨城県結城郡)	源兵衛	1個	1	14文カシ	
生子(茨城県猿島群)	文七	1包	1	129文	
山形(栃木県安藤郡)	鈴木清三郎	1個	1	172文	
か丶間村(笠間か)	新助	9個	4	36文	今中忠五郎
口大橋(栃木県下都賀郡)	勝之助	晒　3個	1		
不明	中村惣右衛門	4個	2		
〃	近江屋平蔵	1個	1	50文	本石町1丁目　松屋利兵衛

計　90太118個　　74回
1駄2個　298個　内晒木綿　13個(木綿1個は123反位)

『下総境の生活史』史料編、近世Ⅱ「河岸問屋の大福帳」により作成。

表５　天明７年(1787)～８年　下館商人から江戸木綿問屋への売渡商品数量
（間々田清兵衛・中村兵左衛門）

年次	品　　名	数　　量	代　　金		江戸商人住所氏名	
天明７	晒木綿	372反	87両3分	銀1匁8分7厘	駿河町	三井八郎右衛門
〃	〃	150反	34両1分	銀3匁5分2厘	大伝馬町1丁目	亀屋武右衛門
〃	〃	275反	62両1分2朱		〃	伊勢屋三右衛門
〃	〃	393反	87両1分2匁2分		〃	布袋屋善右衛門
〃	〃	270反	56両1分			藪屋四郎兵衛
〃	〃	275反	63両3分2朱	銀5匁5分8厘		伊豆蔵仁右衛門
〃	〃	180反	40両3分		大伝馬1丁目	戎屋六郎治
	計	1,915反				
天明８	本晒木綿	125反	30両1分	銀11匁5分3厘	大伝馬1丁目	田端屋治郎左衛門
〃	晒　〃	292反	70両5分	銀2匁5分2厘	〃	伊勢屋三右衛門
〃	〃　〃	145反	33両2朱	銀6匁1分8厘	〃	川喜田久太夫
〃	本晒木綿	141反	32両3分	銀2匁3分8厘	〃	〃
〃	晒木綿	380反	88両	銀7匁3分2厘	〃	布袋屋善右衛門
〃	〃	605反	141両1分2朱	銀5匁分3厘	〃	藪屋四郎兵衛
〃	〃	255反	62両2分2朱	銀1匁6分9厘	本町4丁目	伊豆蔵仁右衛門
〃	〃	1,625反	406両3分2朱	銀6分9厘	駿河町	三井八郎右衛門
〃	〃	180反	48両2朱銀4匁		日本橋	白木屋彦太郎
〃	〃	125反	28両1分	銀10匁9分9厘		戒屋八郎右衛門
〃	〃	140反	31両1分	銀3匁5分5厘	大伝馬2丁目	大黒屋新九郎
	計	4,013反　天明７・８年　合計5,928反				

『茨城県史料』近世社会経済編１、寛政２年「下館晒木綿問屋差出し帳」P279-282により作成。

文化２年　在郷商人は真岡２名，下館７名，結城３名，真壁宇都宮１名，水戸１名と記されている。

１反＝２丈６尺(約10メートル，幅36センチ)

表６　寛政元年(1789)　下館町間々田清兵衛江戸売木綿数量

品　名	数　量	代　　金		売り渡し商人名	
晒木綿	150反	31両1分	銀1匁	大伝馬1丁目	戎屋六郎治
〃	945反	281両1分	銀1匁2分7厘	〃	伊勢屋三右衛門
〃	277反	44両3分2朱	銀1匁7分2厘	〃	〃
〃	300反	72両2分2朱	銀3匁8分	〃	布袋屋善右衛門
〃	400反	109両3分	銀5匁4分1厘	〃	藪屋四郎兵衛
〃	880反	226両2分2朱	銀6匁3分7厘	駿河町	三井八郎左衛門
〃	530反	144両1分		日本橋	白木屋彦太郎
〃	150反	31両	銀7匁1分	大伝馬町1丁目	長谷川源右衛門
〃	840反	263両	銀4匁9分1厘		丹波屋治郎兵衛
計	4472反				

木綿１個は推定123反位となる。『茨城県史料』社会経済編１、P283により作成。

員数書御差上被成候節相当不致段、仍之今般再正御取締厳重ニ相成ニ付、私共義も尚又申合、一同堅取極申候

一私共仲間荷物

積出し所下総関宿　境川岸 小松原五右衛門

右荷物はしけ宿

深川海辺大工町　境屋正三郎

江戸荷物場所　道揚橋 辻次郎兵衛

右三ケ所限り之外扱ニ一切致間鋪候

万一上州辺其外以荷物御府内入ニ相成候節は、塩川岸木綿立会所者ニ可致候事

（中略）

天保四年十二月　野州真岡木綿買次問屋

行事　小宅平七印

同所　塚田弥惣次印

常州下館木綿買次問屋

行事　中村兵左衛門印

同所　板谷勘兵衛印

常州真壁

中村作右衛門印

野州宇都宮

笹屋友蔵印

江戸両組
御問屋衆中

吉永庄兵衛株無拠仲間中ニて買請置、証文中村兵左衛門方預り置申候

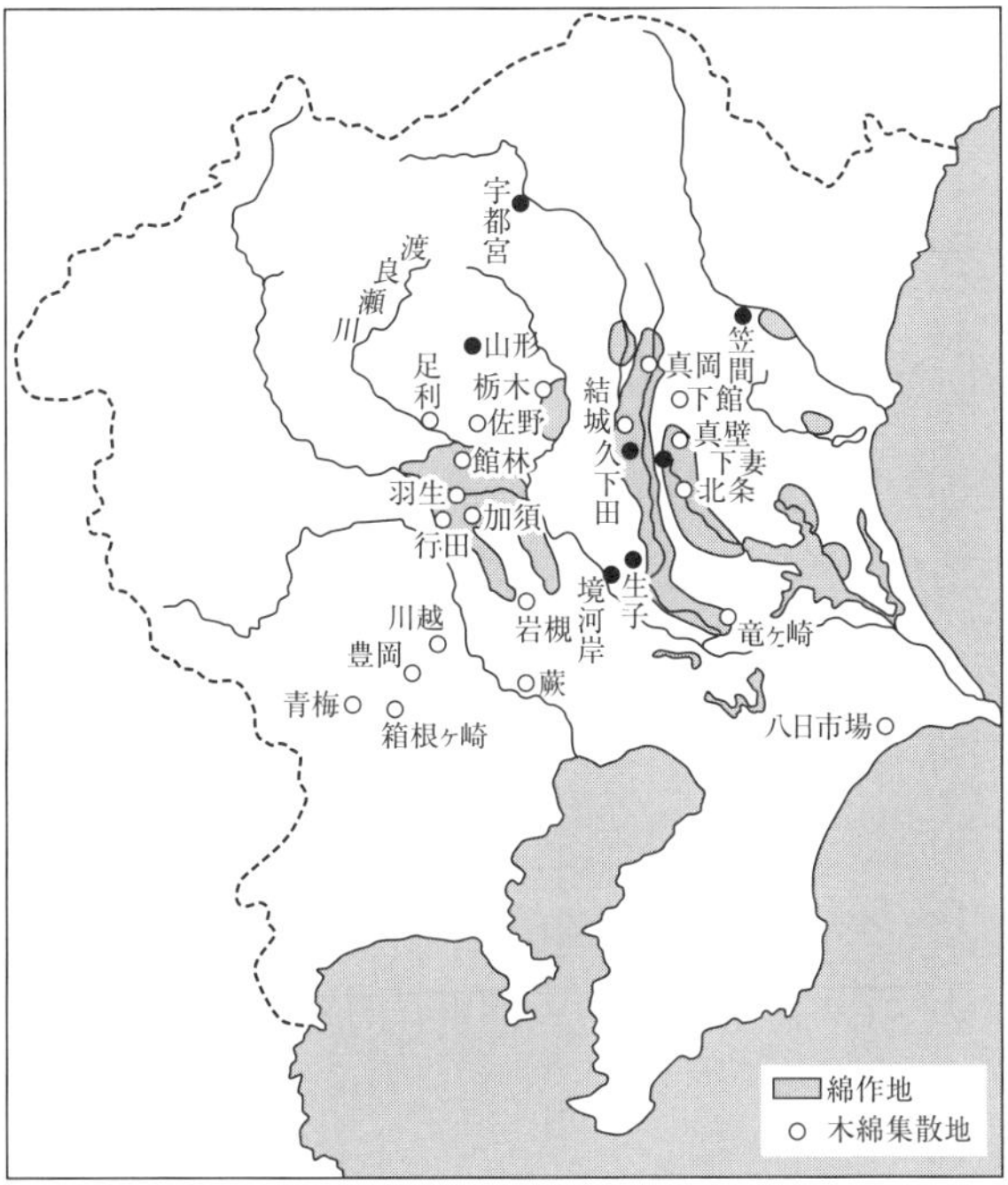

図3　木綿出荷地
本図は青木紅二「真岡木綿」（地方史研究協議会編『日本産業史大系』関東地方編）p249、掲載図に丹治が●印を加筆した。

これにより、野州・常州農村で生産された木綿荷物は、境河岸問屋小松原家の運漕船で江戸へ独占運送されていた事実が明白となる。

さらにこれら木綿荷物の出荷地を境河岸問屋史料などにより補足図示してみると、図3のとおりである。これらにより木綿の出荷地は野州の宇都宮、山形（安蘇郡田沼町）をはじめ、常州の笠間・下妻・久下田（真壁郡）など相当広範囲であったことがわかる。

つぎに、寛政五年（一七九三）の『大福帳』(34)により、四月から十一月まで八か月間の境河岸から江戸へ廻漕された

晒木綿の地域別出荷数を表示してみると、表7のとおりである。

これによると出荷数がもっとも多いのは真岡（栃木県）で、塚田弥左衛門が二二七個、小宅平七が一五〇個であった。次いで第二位は下館（茨城県）で、間々田清兵衛の三六個のほか七人で合わせて一三七個、第三位が真壁（茨城県）で中村作左右衛門など二人（同一人物カ）で三四個、第四位が宇都宮の笹屋友蔵一人で三四個、笠間（茨城県）が徳次郎一人で八個などで、総数は不明分も合わせて六一〇個であった。これらは全部晒木綿であったことが注目される。

さらに天保七年（一八三六）の『大福帳』[35]により、三月二十七日から九月二十一日までの買次問屋別晒木綿の出荷数をまとめてみると表8のとおりで、真岡（栃木県）の塚田弥惣治が一三七・五個、同所小宅平七が八九個、下館（茨城県）の中村兵左衛門が六七個、中尾弥兵衛が二六個、宇都宮の笹屋友蔵が一五個、笠間の笹屋治左衛門が一〇個で、

表7　寛政5年(1793) 4月～11月境河岸晒木綿出荷表

出荷地	商人名	数量
真岡	塚田弥左衛門	227個
〃	小宅平七	150個
下館	間々田清兵衛	36個
〃	谷島治右衛門	30個
〃	谷島治郎左衛門	
〃	中屋弥兵衛	21個
〃	板屋勘兵衛	14個
〃	荒川藤七	20個
〃	中村兵左衛門	8個
〃	庄兵衛	8個
真壁	中村作左衛門	34個
〃	中村作右衛門	
宇都宮	笹屋友蔵	34個
笠間	徳次郎	8個
不明	吉永広兵衛	8個
〃	小平半七	8個
〃	不明	4個
	計	610個

注　本表は『下総境の生活史』史料編、近世Ⅲ「河岸問屋の大福帳」により作成。

表8　天保7年(1836) 3月27日～9月21日　境河岸商人別晒木綿出荷表

出荷地	商人名	数量
真岡	塚田弥惣治	137.5個
〃	小宅平七	89　個
下館	中村兵左衛門	67　個
〃	中尾弥兵衛	26　個
宇都宮	笹屋友蔵	15　個
笠間	笹屋治左衛門	10　個
	計	344.5個

注　本表は『下総境の生活史』史料編、近世Ⅲ「河岸問屋の大福帳」により作成。

合わせて三四四・五個であった。

右によると、寛政から天保期にかけて晒木綿の出荷量がもっとも多いのは鬼怒川流域の真岡で、次いで下館であったことが明らかとなる。これら出荷数が寛政期に比べて少ないのは、天保の飢饉の影響と推定される。

なお参考までに、これら商品物資の江戸への運漕に従事していた境河岸の文化三年(一八〇六)の船数を紹介してみると、高瀬船三艘、艜船三〇艘、中艜船五二艘であった(36)。

それから、これらの船でどのくらいの荷物を運漕していたのか、寛政五年四月十五日出船の境河岸代八船の晒木綿の積載数と出荷人・荷受人などを表示してみると表9のとおりで、晒木綿合わせて二六個(一三駄)、船賃は二貫二七七文で、出荷人は、真岡の小宅平七・塚田弥左衛門、下館の間々田清兵衛・谷嶋治右衛門、宇都宮の笹屋友蔵であった。

また、これら晒木綿の荷受人は、江戸の木綿問屋三井卯兵衛・大黒屋吉右衛門・大丸や正右衛門・三井勘七・柏屋孫左衛門・長谷川源右衛門・蛭子や粂助・伊豆蔵吉右衛門・嶋や喜兵衛・伊勢屋三右衛門・布袋屋治兵衛などであった。

以上が境河岸問屋小松原家文書『大福帳』からみた元文・寛政・天保期の北関東農村の木綿・晒

表9　寛政5年(1793) 4月15日出船(境河岸代八船)晒積載数

数　量	出　荷　人	荷　受　人
2個	間々田清兵衛(下館)	三井卯兵衛
2個	谷嶋治右衛門(下館)	大黒屋吉右衛門
4個		大丸や正右衛門
1個	笹屋友蔵(宇都宮)	三井勘七
3個	小宅平七(真岡)	柏屋孫左衛門
1個	〃	長谷川源右衛門
2個	〃	大丸や正右衛門
2個	〃	蛭子や粂助
1個	〃	伊豆蔵吉右衛門
1個	塚田弥左衛門(真岡)	嶋や喜兵衛
1個	〃	大丸や正右衛門
2個	〃	柏屋孫左衛門
1個	〃	伊勢屋三右衛門
2個	〃	蛭子や粂助
1個		布袋屋治兵衛
計26個13駄　船賃2貫277文		

『下総境の生活史』史料編、近世Ⅲ「河岸問屋の大福帳」により作成。

木綿の江戸廻漕状況のあらましである。なお、これら木綿の出荷地については図3に掲載しておいたので参照されたい。

3　元文・寛政・天保期のたばこの江戸廻漕

境河岸問屋が取り扱ったたばこ荷物は、一体どのくらいあったのであろうか。明和八年(一七七一)正月、境町名主五右衛門が小林孫四郎(政用)代官所に提出した「竹貫多葉粉荷口引請候分書抜帳[37]」には表10に示したとおり、天和二年(一六八二)と同四年の二か年分には合わせて二四二六俵、元禄十七年(一七〇四)には一〇六二俵、正徳三年(一七一三)~六年の一か年平均が二九五〇俵、元文二年(一七三七)には四六四俵、宝暦二年(一七五二)~十三年には合わせて三二九五俵、明和二・五・七年の三か年の平均荷量は一か年平均三三五俵余となっている。

表10　境河岸問屋五右衛門引受たばこ荷数

年　代		俵数合計	1年平均
天和	2・4	2,462	1,231
貞享	1・2・3	5,428	1,809
元禄	17	1,062	1,062
宝永	1・2・3・4・5・6・7	18,984	3,167
正徳	3・4・5・6	11,803	2,950
享保	6・7・8・9・16	1,950	390
元文	2	464	464
寛保	1・2・3	7,894	2,631
延享	1・2・4・5	5,047	1,261
寛延	1・4	1,432	716
宝暦	2・3・4・5・13	3,295	659
明和	2・5・7	1,007	335

『茨城県史料』近世社会経済編1「明和八年境河岸問屋五右衛門煙草荷物引請覚帳」P370-76により作成。

これらのたばこ荷物は、いずれも奥州地方の竹貫村(福島県石川郡古殿町)、あるいは三春村(同県田村郡三春町)などから出荷されたものであるが、これら奥州たばこの荷受量は、近世中期の享保期頃から減少傾向を示していることが注目される。

一方、元文二年八月~十二月二十日まで五か月間の境河岸問屋小松原家の『大福帳[38]』からたばこ荷物の江戸方面への出荷数を拾い出してみると、表11のとおりである。

表11　元文２年(1737)　８月～12月　境河岸たばこ出荷表

月　日	数　量	出　荷　人	荷　受　人	
8.18	50個	幸手町やまと屋喜八	向かし	やまと屋喜八
10. 1	6個	嶋田利兵衛	牛込御納戸町	栃木屋五郎左衛門
13	18個	今又平左衛門		も里善左衛門
24	12個	下つま川澄市郎右衛門		森　善左衛門
〃	4個	烏山川上伝兵衛		
27	13個	くらかの(高崎)須賀喜太郎	江戸崎	鴻野平三郎
〃	57個	うつのみや喜八		小林兵右衛門
11. 2	5個	越前伝十郎		
6	1個	生子村(猿島郡)文七	八くわん町	いせや次兵衛
7	2太	水戸平次郎		
8	193俵	新井町(猿島郡)渡部伝兵衛		
〃	112俵	藤田弥兵衛		
〃	159俵	中野忠右衛門		
9	3個	江戸　佐五兵衛	神田永富町	橋本や八左衛門
14	69俵	水戸神田吉右衛門		
16	7個	伝内		
20	206俵	大左衛門		蓮屋長兵衛
22	2太	水戸　平次郎		
28	1太	〃　吉三郎		
閏11. 1	4太半	江戸伊兵衛		
〃	1太	ミヤ(黒磯市)忠右衛門		
6	49個	烏山伝兵衛		
12. 3	85俵	三春(福島県)権内		
〃	1太	うつのみや大町七左衛門		
〃	8個	寺田七郎兵衛		浅野次平
5		はき嶋(小山市)市郎左衛門		
6	55個	みや(黒磯市)清右衛門		
10	53個	笠間　三郎兵衛		
11	307個	石川(福島県)六右衛門		
14	4個	水戸大田　平次右衛門		
15	3太	水戸阿しま　源内		
19	3太	水戸額田　野次右衛門		
〃	460個	向ゟ積合		
25	63個	久下田(結城郡)海老原市右衛門		
〃	68俵	向かし　壮村平右衛門	幸手町	大和屋五郎兵衛
28	7個	からす山　伝兵衛		
計	17太半2074個(俵は個とした)			

１太６個として計算すると17.5太は105個となる。2074＋105＝2179個となる。

本表は『下総境の生活史』史料編、近世Ⅲ「河岸問屋の大福帳」により作成。

23		7個	水戸　　内蔵之助		大津や伊八	129文
24		14個	水戸　　清兵衛	馬喰町	長嶋や権兵衛	258文
12. 2		8個	水戸　　善次郎	通塩町	近江や久兵衛	129文
12		11個	水戸　大久保　儀右衛門		大つや伊八	258文
〃		4個	水戸　大田　平次左衛門		〃	129文
〃		14個	水戸　鈴木清兵衛	馬喰町	長嶋や権兵衛	258文
〃		12個	水戸　中村利八	通塩町	近江屋久兵衛	258文
〃		8個	水戸　鈴木清兵衛		大津屋伊八	129文
〃		16個	水戸　内蔵之助		〃	138文
14	3太		水戸　平次右衛門			387文
20		13個	水戸　鈴木清兵衛	馬喰町	長嶋や権兵衛	387文
〃		8個	水戸　さゝや平次右衛門	小阿ミ町３丁目	かねこ八兵衛	258文
〃		6個	水戸　中村利八		長嶋や権兵衛	129文
〃		7個	水戸　大久保　銀七			
〃		10個	太田　笹屋平次右衛門	堀留メ	山住善兵衛	258文
計	55件　20太　411個					

注　本表は表11の出典と同じ史料により作成した。

これらたばこの出荷地は、水戸をはじめ常州下妻・笠間・久下田（結城郡八千代町）、野州宇都宮・烏山（那須郡）、それに上州倉賀野などのほか、奥州の石川（福島県）・三春（同上）などで、その総数は一七・五駄と二〇七四個であった。

なお、一駄は六個と推定されるので全個数として二一七九個となる。

つぎに右『大福帳』から切粉たばこの出荷数を拾い出してみると表12のとおりである。

その取扱件数は五五件で、荷物の総量は二〇駄と四一一個であった。

これらの切粉たばこの出荷地を見ると、大久保村（那須郡黒羽町）・太田村（塩谷郡高根沢町）のほかは、そのほとんどが水戸であったことが注目される。

そこで参考までに水戸出荷の切粉たばこの『大福帳』の元文二年十一月十九日の記事を抜粋して紹介してみるとつぎのとおりである。

馬喰町四一切粉大小三拾八固　水戸上町鈴木治兵衛殿分

長嶋屋権兵衛殿　舟賃七百七拾八文内一九一文取

表12　元文２年(1737) 8 月～12月　境河岸切粉出荷表

月日	数　量	出　荷　人	荷　受　人	数　量
8．7	5個	大久保(那須郡黒羽町)次郎左衛門	本郷春木町１丁目藤屋善左衛門	129文
12	21個	水戸　岡部蔵之助	大津屋伊八	378文
13	4太　2個	水戸　浅右衛門	大つ屋伊八	600文
18	6個	水戸　笹屋平次右衛門	大津屋伊兵衛	129文
24	4個	水戸　次郎左衛門	本郷春木１丁目　藤屋善左衛門	129文
27	3太	水戸　さゝや平次右衛門	(記載なし)	387文
9．4	4個	水戸　笹屋庄右衛門	大津屋伊兵衛	255文
17	4個	水戸　遠藤清次右衛門	大津屋伊八	129文
20	7個	ゆなわこ　〃	甚左衛門　大つ屋伊八	129文
26	4個	水戸　〃	大津や伊八	129文
10．1	7個	水戸　中村利八	近江屋久兵衛	129文
〃	4個	山口軍次郎	〃	129文
4	大小　9個	水戸　遠藤平次右衛門	甚左衛門町　大津や伊八	128文
15	4個	水戸　笹屋平次右衛門	〃	129文
20	4個	水戸　権次右衛門	弁慶崎　近江や忠兵衛	129文
22	大小　6個	水戸　中村利八	通塩町　中村利八	129文
23	4個	水戸　久下谷権右衛門	近江屋忠兵衛	129文
28	5個	水戸　黒沢弥左衛門	和泉や佐兵衛	129文
29	5太	水戸　久下谷権右衛門	(記載なし)	649文
〃	4個	水戸　平次右衛門	甚左衛門町　大津や伊八	129文
11．6	7個	水戸　中村利八	通塩町　近江屋久兵衛	129文
14	12個	水戸　鈴木清兵衛	馬喰町　長嶋屋清兵衛	258文
16	7個	水戸　高野六郎兵衛	大津屋伊八	129文
18	7個	水戸　岡部新五右衛門	近江や久兵衛	129文
19	4個	大久保田村　成田又四郎	甚左衛門町　大津屋伊八	129文
〃	6個	水戸　岡部歳之助	〃　〃	129文
〃	大小　6個	水戸　鈴木清兵衛	馬喰町　長嶋屋権兵衛	129文
23	8個	(高根沢町)高野六兵衛	近江や　忠兵衛	129文
28	8個	太田(塩谷郡)平次右衛門	堀留　山住甚兵衛	258文
〃	2太	水戸　清蔵		258文
29	6個	水戸　蔵之助	大っや　伊八	120文
閏11．3	8個	水戸　藤俣夘兵衛	甚左衛門町　大津屋卯八	258文
〃	5個	水戸　岡部十蔵	〃　〃	129文
9	11個	水戸　中村利八	通塩町　長嶋屋権兵衛	258文
19	大小　38個	水戸上町　鈴木清兵衛	馬喰町１丁目　長嶋屋権兵衛	778文
〃	11個	水戸大久保村　浅右衛門	甚左衛門町　大っ屋伊八	258文
〃	4個	水戸太田崎　笹や平次右衛門	〃	129文
19	16個	水戸　甚六	津　大津や伊八	129文
20	7個	水戸　鈴木清兵衛	長嶋や権兵衛	129文
23	3太(19個)	水戸　大久保　清七	いせや長兵衛	387文

残り五百八拾三文下り
一　同拾壱固　水戸大久保村 大久保浅右衛門殿分
舟賃弐百五十八文下り
三拾九文谷貝へ取かへ下り
〆三百壱文下り
一　切粉四固　水戸太田町 笹屋平次右衛門殿分
舟賃百弐拾文済
残り拾弐文江戸へ遣ス
甚左衛町
大のや
伊八殿

これらの切粉たばこは、十一月十九日に茂右衛門船で江戸へ送られたのである。

次いで境河岸問屋の寛政五年（一七九三）『大福帳』(39)により、四月十四日から十一月十三日までの切粉荷物の出荷状況を明らかにしてみよう。

右の帳面からたばこの出荷記事を拾い出し、整理してみると表13に示したとおりである。これらの出荷地を見ると、常州水戸のほかは野州八木沢（大田原市）、黒羽・那須（以上那須郡）、笹沼（黒磯市）など、野州農村からの出荷が多かったことがわかる。

それ以外の出荷地が明記されていない商人は、常州など境河岸の近接地であったと推考される。

そこで、全体的な切粉たばこの出荷量を元文期五か月間の二〇駄四一一個と比べてみると、寛政期八か月間の一六駄一三〇六・五個はあまり変化していないように思われる。

しかし、元文期の切粉たばこの出荷地はそのほとんどが水戸であったが、寛政期になると水戸からの出荷量が大幅に減少し、境河岸からはあまり出荷されていなかったことが明らかとなる。

表13　寛政5年(1793)　4月14日～11月13日　境河岸切粉出荷表

月日	数量	出荷人	荷受人	船賃
4.14	50個(六つ付)	渋江利七	太田屋権右衛門	1貫500文
〃	4太	水戸下圷金長半右衛門	近江屋久四郎	668文
18	50個	斎藤要右衛門	湊屋仁左衛門	1貫392文外250文かし
晦日	67個	磯平左衛門	湊屋仁左衛門	1貫929文外250文かし
5.9	81個	室井小七	栃木屋利右衛門	2貫264文外250文かし
15	1個	秋山元眼	下野屋平兵衛	煙草5個と一緒165文
6.7	22個	長順(岩井市)仁左衛門	境や左三郎	569文外27文かし
17	4個	白川(白河市)繁野源三郎	長谷川忠助	200丁50文済化荷物共
21	35個	斎藤利右衛門	湊や善左衛門	837文
〃	16個	関屋源次	下野屋平兵衛	446文
22	5個	八木沢(大田原市)利七	上田屋権右衛門	1貫537文
〃	55個	〃	〃	
25	5個	黒羽(大田原市)藤兵衛	箱崎町坂本三右衛門	307文
〃	6個	〃　〃	内田兵右衛門	
晦日	79個	小七	栃木屋利右衛門	2貫226文
〃	36個	磯平右衛門	湊屋善左衛門	1貫6文
7.1	3個	小七	栃木屋利右衛門	139文(茶作2俵共)
〃	50個	磯平右衛門	湊屋仁左衛門	1貫34文
17	34個半	上中川村　一木弥五郎	坂本三左衛門	838文
◎ 22	2太	水戸太田　加藤弥兵衛	(記載なし)	334文
8.7	42個	笹沼(黒磯市)重左衛門	泉屋権兵衛	1貫71文
〃	45個	菊池源内	(記載なし)	1貫256文
◎ 16	2太	上古内村(東茨城郡草上町)出沢庄十	(　〃　)	334文
17	8個(大小)	秋山元眼	下野屋平兵衛	188文外金1分かし
25	2個	冨屋茂兵衛	釘屋又兵衛	165文(流久包先)
27	2個	繁野源三郎	長谷川忠助	54文(柳こり1つ共)
〃	16個	冨田(岩井市)薄井新兵衛	横山町嶋屋長右衛門	668文
29	52個	仲右衛門	湊屋仁左兵衛門	1貫454文
9.3	2太	那須　泉田十郎左衛門	(記載なし)	334文
7	104個	狭《ママ》原平左衛門	湊屋仁左衛門	2貫849文外20文かし
10.5	17個	冨田村(岩井市)安蔵	境屋庄三郎	503文
15	48個	八木沢　慶右衛門	太田権右衛門	1貫340文外1貫250文かし
19	56個	黒羽　小来亀右衛門	湊屋仁左衛門	1貫590文
11.1	5個	向より	坂本三右衛門	1貫38文小俵5俵共
〃	32個	〃	長谷川忠助	
3	54個	渋江利七	太田屋権右衛門	1貫674文
11.5	78個	斉藤要右衛門	湊屋仁左衛門	2貫177文
〃	52個	菊池源内	和泉屋権兵衛	1貫508文
〃	15個	繁野源三郎	長谷川忠助	他と一緒668文
〃	6個	向より	和泉屋源八	165文
7	33個	冨田(岩井市)新兵衛	長谷川忠助	922文
〃	39個	存清	乾九兵衛塚本三右衛門	1貫87文
11	6太	中沢(那須郡)黒崎右衛門	(記載なし)	
13	1個	〃	両国松彦四郎	
計	44件　16太　1306.5個			

注　出典は註(39)に同じ。◎は156頁参照。

第三節　商品物資輸送経路の改変とたばこ荷物

寛政期になって水戸産の切粉たばこなどが大幅に減少したのはなぜであろうか。
この点につき、利根川右岸の布施河岸の史料「天明五年（一七八五）古来ゟ請来之荷物書上帳(40)」には、つぎのとおり記されている。

一煙草類　　不残
是ハ享保五年ゟ請払仕来申候
一卵類
是ハ享保七年ゟ請払仕来申候
一こんにゃく玉
是ハ享保十一年ゟ請払仕来申候
一紙類
是ハ享保十四年ゟ請払仕来候
内岩城紙者是迄請払不仕候
（中略）
一穀物
是ハ享保十八年之頃ゟ請払仕来申候

但五穀斗ニ不限候

一酒

是ハ元文二年ゟ請払仕来申候、明和之頃ゟ荷数相増申候

一醤油

是ハ宝暦五年ゟ請払仕来申候

（後略）

右により布施河岸ではたばこをはじめ、卵類・こんにゃく玉・紙類・穀物・酒・醤油などの商人荷物を、享保期以来荷揚げ、加村・流山河岸へ馬付けにして運び、それから同河岸から江戸へ送り届けていたことが判明する。

そこでさらに布施河岸のたばこ荷物の取扱量を調べてみると、宝暦十年（一七六〇）から明和六年（一七六九）までの十か年間のたばこ荷物取扱量は表14のとおりである。(41)

表14　宝暦10年（1760）～明和６年（1769）布施河岸たばこ荷物取扱量

年　次	大山田たばこ	竹貫たばこ	切粉たばこ
宝暦10（1760）	7,649俵	706俵	792個
11（1761）	13,576俵		416個
12（1762）	41,825俵	3,385俵	1,439個
13（1763）	46,909俵	3,379俵	705箱
明和元（1764）	42,755俵	2,932俵	1,445個
2（1765）	54,541俵	3,684俵	708箱
3（1766）	55,352俵	1,434俵	971個
4（1767）	49,079俵	2,077俵	1,507箱
5（1768）		813俵	1,303箱
6（1769）	17,485俵		453個
計	27,4630俵	18,421俵	9,739個

注　『柏市史』資料編六、P323-327による（箱は個とした）。

これを見ると、野州馬頭町（西那須町）中心の大山田たばこが二七万四六三〇俵、奥州石川郡古殿町産出の竹貫《たかぬき》たばこが一万八四二一俵、そして切粉たばこが九七三九個であったことがわかる。

なお、「寛政年中運賃之覚」(42)を見ると、江戸までの運賃が急ぎ荷物小船積み入れが、切粉荷物一駄七個付けで一一六文、大山田

たばこが一駄一三俵付けで一一四文、松川たばこが一駄一〇俵付けで一一〇文と記されている。

そこで境河岸と布施河岸の江戸までの運賃を比べてみると、境河岸が寛政五年(一七九三)切粉二駄で三三四文と記されている。この点については表13の七月二十二日の水戸太田加藤弥兵衛出荷分、八月十六日の上古内村出沢庄十出荷分など◎印を参照されたい。

したがって布施河岸～加村・流山ルートの方が運賃が割安であったことが明らかとなってくる。その後天保期に入って、布施河岸の江戸送りの運賃が切粉一駄七個付けで一三〇文、松川たばこは一駄一〇俵付けで一二六文に値上げされたが[43]、それでも境河岸問屋『大福帳[44]』の天保七年(一八三四)七月十七日の記事を見ると、白川関屋伊兵衛から江戸の寺本惣右衛門あてに送った切粉六個(一太)で船賃が二〇五文と記されている。これにより、布施河岸の方が割安であったことが確認される。

ちなみに布施河岸の文政五年(一八二二)の「河岸揚荷物駄数改[45]」を見ると、つぎのように記されている。

文政五午年ゟ河岸揚荷物駄数改

一壱万四千三拾駄壱分

同六未年

一壱万八千九拾五駄三分

同七申年

一壱万弐千百六拾弐駄七分

同八酉年

一壱万千七拾九駄四分

同九戌年
一九千九百四拾駄五分
右五ケ年分
〆五万八千弐百八駄六分
平均一ケ年
壱万千六百四拾壱駄七分
右之内弐千九百駄ゟ三千駄従　水戸様御領内産物御座候、尤領境等聢与相訳不申候
（傍線筆者）

右によると、文政五年から九年まで五か年間の河岸揚げ荷物の駄数は、一か年間におよそ一万一六四一駄余に及び、そのうち二九〇〇～三〇〇〇駄前後の荷物が水戸藩領内の産物と記されている。

これにより、水戸産の切粉たばこの多くは布施河岸で陸揚げされ、加村・流山河岸まで陸送し、それから江戸へ再び舟運で送られてきたものと考えられる。

そこで、さらに境河岸問屋小松原家の寛政五年（一七九三）の『大福帳』(46)からたばこ荷物の出荷記事を拾い出してみると、つぎの表15のとおりである。取扱件数は二八件で全体的荷量は七九駄と五六九個、二一三俵で、たばこの荷量は、表11に示した元文二年（八月～一二月）の一七駄半と二〇七四個と比べて、それほど減少したとはいえないように思われる。

しかし、水戸産のたばこ荷物は全く姿を消していることが注目される。

そこで寛政五年のたばこ荷物の出荷地を見ると、奥州では石川（福島県石川郡）が四三駄と五個でもっとも多く、そのほか会津が六俵、野州では大山田（栃木県那須郡）が一〇五俵、船はし（栃木県益子町）が二九駄と一一八個、上三坂村

表15　寛政５年(1793) ４月～11月　境河岸たばこ出荷表

月日	数　量	出　荷　人	荷　受　人
4.28	13太 2個	石川(福島県)　伝吉	松戸
晦	105俵	大山田(那須郡馬頭町)鈴木彦兵衛	親の井かし　新井宗兵衛
〃	2個	磯平左衛門	淡屋仁左衛門
5.1	6個	菅屋金兵衛	親の井かし　新井宗兵衛
3	42個	船はし(芳賀郡益子町)新助	深川　境屋庄三郎
15	5個	秋山元眼	下野屋平兵衛
6.4	1個	三友かし(本庄市)初五郎船より	辻次郎兵衛
12	8太	船はし　新助	藤木喜兵衛
7.1	6個	(館たばこ)　菅屋金兵衛	親の井(北葛飾郡)　新井惣兵衛
3	15太	石川(福島)　伝吉	(記載なし)
〃	15太 3個	石川　与七	千住　遠州や藤十郎
28	100個	堀内五十治	宗道かし　内田五左衛門
8.24	6俵	(会津煙草)　菅野谷金兵衛	菅井宗兵衛
29	7太	丸谷平次	(記載なし)
9.10	2個	笠間　村田や玉右衛門	高砂町　泉や善右衛門
13	86個	石川源蔵	千住市　遠州や藤十郎
10.16	20俵	堀内五十治	宗道かし　内田五右衛門
〃	60俵	〃	下妻町　秋葉吉兵衛
11.1	18俵	(小俵)　向より	坂本三右衛門
8	11太	船はし(益子町)善兵次	金杉行
9	4俵	菅谷金兵衛	宝珠花　鍵屋半兵衛
〃	59個	中田村(古河市)永沼銀七	大地治兵衛
〃	10太	船はし　与惣治	(記載なし)
10	38個	船はし　与惣右衛門	両国柳橋町磯崎屋安五郎
〃	38個	船はし　団蔵	行徳　船橋屋源七
11	4個	青柳権兵衛	東道かし　内田五左衛門
〃	120個	瀬谷亀蔵	細川半兵衛
〃	30個	新　助	境屋庄三郎
13	25個	上ミ坂村(東茨城郡城里町)東右衛門	
合計	28件　79太　569個　213俵		

産地別出荷高　石川(福島県石川郡) 43駄５個
会津６俵、大山田(栃木県那須郡) 105俵
船はし(栃木県益子町) 29駄118個
上ミ坂村(東茨城郡城里町) 25個
中田村(古河市) 59個

（東茨城郡城里町）が二五個、笠間（笠間市）が二個などの出荷であった。

次いで天保期に入ってからの切粉たばこの出荷状況について明らかにしてみよう。

境河岸問屋小松原家の『大福帳』[47]天保七年（一八三六）三月から九月まで七か月間の出荷量を出荷地商人別にまとめてみると表16のとおりである。全荷量は一二五一個で、そのうちもっとも出荷量が多いのは奥州安達郡の安達屋久兵衛（福島県須賀川の有力商人）で二七五個、次いで郡山の商人長瀬屋儀兵衛が一七二個、同地商人の井枡屋半兵衛が一三〇個、そのほか奥州では田村郡三春町の碇屋九兵衛が三〇個、須賀川の増子屋清兵衛が一六個、白河の関屋儀兵衛が六個の出荷であった。

これらを合わせると六二九個で、奥州たばこだけで全荷量一二五一個のおよそ五〇パーセントを占めていたことが明らかとなる。

また、水戸産の切粉たばこは、大橋村五味田武兵衛が三五・五個、五味田忠次が四

表16　天保７年(1766) ３月～９月
境河岸切粉たばこ出荷表

出荷地		商人名	数量
奥州	安達郡	安達屋久兵衛	275 個
〃	郡山	長瀬屋儀兵衛	172 個
〃	〃	井枡屋半兵衛	130 個
〃	田村郡三春町	碇や九兵衛	30 個
〃	須賀川	増子や清兵衛	16 個
〃	白　河	関屋儀兵衛	6 個
水戸	大橋村	五味田武兵衛	35.5個
〃	〃	五味田忠次	40.5個
〃	〃	五味田甚五右衛門	12 個
〃	野田村	江幡治兵衛	28 個
〃	下江戸	秋山庄右衛門	30 個
〃	細田村	中野屋治郎兵衛	4 個
常州	笠間	綿屋兵右衛門	12 個
〃	今泉（西茨城郡）	半　内	43 個
出荷地不明商人		柏屋良作	178 個
	〃	境や藤吉	90 個
	〃	いつみや半内	43 個
	〃	杉本松右衛門	36 個
	〃	住吉屋米吉	25 個
	〃	長瀬や新義	24 個
	〃	増子清兵衛	16 個
	〃	紙屋覚左衛門	4 個
	〃	紙屋藤兵衛	1 個
		計	1,251 個

注　出典は註(11)に同じ。

〇・五個、下江戸秋山庄右衛門が三〇個、野田村江幡治兵衛が二八個など六人で合わせて一五〇個で、全荷量の約一二パーセントとなっている。これにより元文期の二〇駄と四一一個に比べ、大幅に減少していることが明らかとなる。

また、奥州(福島)のたばこ商人は、元文・寛政期には出荷していなかった新興のたばこ商人であったことが判明する。

なお、近世中期頃まで境河岸の主要荷物であった奥州産の竹貫たばこなどは、前述のとおり布施河岸経由で江戸へ送られていたことが確認される。

最後に付記するが、天保期の境河岸『大福帳』(48)では、葉たばこに関する出荷記事は極めて僅少で、水戸細田村中屋治右衛門の二個、馬頭(郡須郡)幸三郎の草たばこ六俵、半谷村(岩井市)木村次兵衛の館たばこ一個だけであった。

このように天保期になって境河岸の水戸産の切粉たばこなどが減少した要因は、先述のとおり、利根川右岸の布施河岸から江戸川左岸の加村・流山河岸までおよそ四里(一六キロメートル)の道程を馬付けにして輸送し、それから小船で江戸へ運漕するコースが、運賃も安く便利だったので、水戸産の切粉たばこ、それに野州の大山田たばこ、奥州の竹貫たばこなどが布施・流山コースに改変したからではないかと考えられる。

そこでさらにこの点について確認してみよう。

境河岸の江戸向け船積荷物は、近世中期の天明二年(一七八二)の頃まではかなりの数量を維持していたことが、表17の「境河岸受払荷物駄数」を見ると明らかになる。

これによると天明三年の浅間山の噴火以降に徐々に減少し、嘉永五年(一八五二)には一万六六三駄余となり、慶応二年(一八六四)には一万六五八駄となっている。

このような境河岸の船積荷物の減少は、一体どうして起こったのであろうか。

天保四年(一八三三)境町惣百姓・旅籠屋から町役所あての嘆願書[49]には、この点について「近年奥羽野州常州国々出荷物悉相減、問屋共儀は勿論、馬持共前々ニ引比候えは三分一ニ減少、船持共も同様浜方問屋共右類焼後皆無ニ罷成、茶屋旅籠屋諸商人共小屋掛同様之家作ニ而渡世罷成在候」と申し立てている。

表17　安永4年(1775)～慶応3年(1867)
境河岸受払荷物駄数表

年　代	江戸その他船積高	水揚荷物附出高	荷物合計高
安永4(1775)	30,193.81	6,952.60	37,146.41
5(1776)	24,083.10	7,336.30	31,419.40
6(1777)	29,567.75	7,813.00	37,380.75
7(1778)	29,450.87	9,135.60	38,586.47
8(1779)	25,842.02	7,938.40	33,780.60
9(1780)	24,216.60	7,488.10	31,704.70
天明元(1781)	22,125.85	7,947.60	30,073.45
2(1782)	26,096.14	6,463.90	32,560.04
3(1783)	19,653.30	6,328.70	25,982.00
4(1784)	19,674.10	6,716.80	26,390.90
嘉永5(1852)	10,663.66	4,379.26	15,043.32
安政2(1855)	17,358.33	(地廻り船積高)	
4(1857)	14,066.75		
万延元(1860)	13,848.58		
	(荷　物)	(俵　物)	(油　粕)
元治元(1864)	10,798.50	12,255俵	7,686枚
慶応元(1865)	12,611.80	8,347俵	6,451枚
2(1866)	10,658.00	10,804俵	7,152枚
3(1867)	11,495.18	11,069俵	2,904枚

『茨城県史料』近世社会経済編1により作成。

これを見ると境河岸衰退の要因は、奥州・野州・常州からの商人荷物が以前に比べ三分の一に減少してきたことであったと考えざるを得ない。

この河岸衰微の要因について、川名登は「江戸行荷物の減少は、すべて新輸送ルートへの回避としてのみ考えることは困難であろう」と述べている[50]。

そして「河岸衰微とは既成河岸の特権的問屋に対して、その統制下を離れて自由な稼ぎにおもむこうとする小船持・船頭・水主、それと結ぶ農閑駄賃稼ぎの執拗な闘争の結果であるとともに、地域市場の発展、江戸地廻り経済圏の変質に対応する江戸行輸送荷物の減少の結果であった」[51]と述べている。

筆者はこの川名の見解を全面的に否定するものではないが、根本的要因としては、やはり天明三年の浅間山の噴火以降の江戸川上流の浅瀬の障害と、関宿関所の船舶検査の待機時間の浪費、さらには東北・北関東農村在郷商人の輸送運賃の低廉と輸送の迅速を希求する胎動が、新輸送路の開拓と利用をより一層促進していったものと思考している。

ちなみに、利根川右岸の布施河岸から加村・流山河岸まで約四里（一六キロメートル）の道程を馬付けにし、小船で江戸へ輸送するルートの宝暦十年（一七六〇）のたばこ荷物輸送量を見ると、野州大山田たばこが七六四九俵、奥州竹貫たばこが七一六俵、常州水戸産の切粉たばこが七九二俵と記録されている。[52]

また、布施河岸の荷物取扱量を見ると、安永元年（一七七二）が九二六四駄二分、寛政元年（一七八九）には一万五八七七駄、[53]文政五年（一八二二）には一万一〇七九駄[54]と記録されている。

さらに文政五年から九年まで五か年間の平均駄数は一か年一万一六四一駄七分で、そのうち水戸領内の荷物は二九〇〇〜三〇〇〇駄と記されている。[55]

なお、寛政四年三月の「冥加金運上并河岸場助成村方出入」の相馬郡布施村荷宿四人惣代善右衛門、佐次兵衛両人から菅沼安十郎役所あての上申書には、「布施村之儀ハ国々之諸荷物引請馬数も三百疋も有之、一日に付送り候分加村河岸迄二度宛参り候而、六百駄程も付送り、一年には三十万駄も川岸揚いたし候[56]」と記されている。

このように布施河岸〜加村・流山コースはかなり迅速に荷物を付け送り、江戸への水上輸送には小船を利用し、運賃も割安となっていたのである。

これに対し境河岸を利用する奥州荷物の場合には鬼怒川中流右岸の下総国小森・中村・上山川・山王河岸などで陸

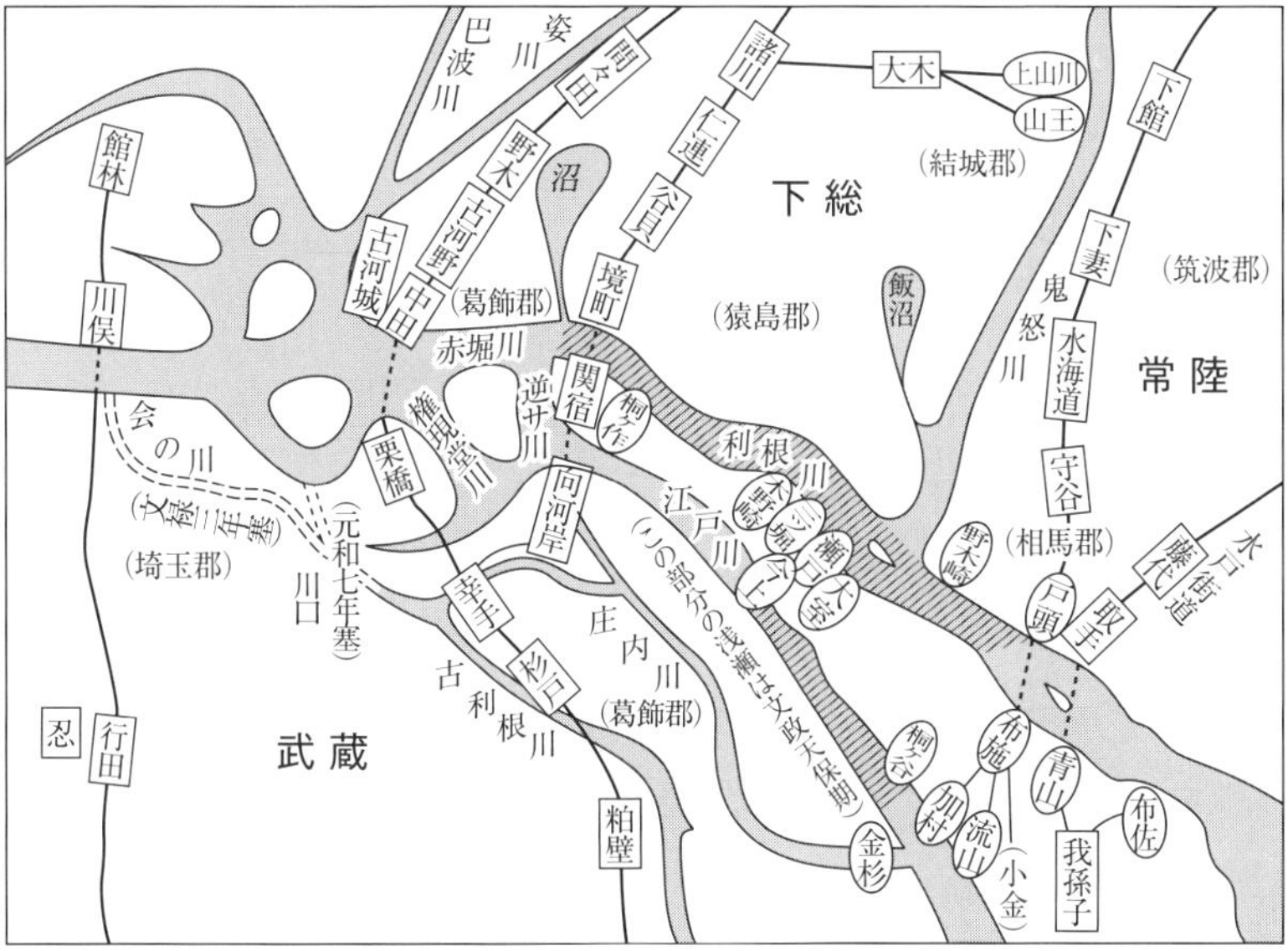

図4　中利根川周辺交通路
国会図書館所蔵の「天明3年関八州川筋絵図」などにより作成した。なお、利根川・逆川の斜線部分は浅瀬を示す。

揚げし、それから大木・諸川・仁連・谷貝など脇往還継立場を馬継ぎにして境河岸まで駄送しなければならないので、その駄賃銭と時間も相当負担になっていたと考えられる（図4参照）。

筆者は、このような理由から境河岸の商人荷物が減少し、河岸が衰退していったと考えている。

この点について、明和八年（一七七一）境河岸問屋兵庫・五右衛門が奥州三春産の竹貫たばこの輸送の争論に際しての、五右衛門の返答書[57]には「近年野州常州ゟ送来候紙・多葉粉荷、鬼怒川を積下ケ下利根川通布施村江船揚仕、江戸川通流山江附越仕候故、野州・常川之荷口ハ境通少ク罷成候」と記されている。

なお、このような布施河岸陸揚げルートのほか、水戸産の大豆やたばこが下利根川水運を利用して江戸へ運漕されていたことが、文化九年（一八一二）のつぎの難船史料[58]によって明らかとなる。

文化九年申二月三日夜難船留

当（藤）蔵川岸下出津村ニ而但シ本村之名ハまな板村也

延方村重治郎船舟頭武井村利兵衛乗難船諸掛控

難舟荷物諸荷主ゟ出之ス

一大豆《ぬれ》百五拾俵　荷主　水戸　広屋儀兵衛殿分　銭七貫四百廿四文

一小山田八百廿弐箇（内煙草四百四拾俵（ママ）千俵也）　同　藤沢紋右衛門殿分　同六貫七百七十九文

一板貫八拾弐束　同　笹沼次右衛門殿分　同弐貫廿九文

一松割七拾五束　同　石田作左衛門殿分　壱貫八百五十四文

一板四拾八束　同　大和屋吉右衛門殿分　壱貫八十三文

右之通難船荷物諸懸り前書之通荷主ゟ請取、宿半四郎方へ相渡相済申候、以上

外ニ舟主掛控　寺田重兵衛印

金弐両壱分　四百文余相掛

其外大工作料

文化九申三月六日　難舟

これは利根川中流左岸の取手河岸の史料であるが、船頭は延方村（潮来市）の利兵衛と記載されている。この難船の積荷には小山田八二二個（内煙草四四〇俵）とあり、荷主は水戸の藤沢紋右衛門と記されている。

これらにより、取手河岸より上流に位置する布施河岸から加村・流山へのルートは、近世中期以来の幕府公認の商品物資輸送コースとなっていたことがわかり、近世中期頃までは奥州や北関東農村の商品物資の江戸廻漕の拠点とし

て繁栄していた境河岸を衰退に追い込んでいった要因であったと思考している。

なお、第一編終章「鬼怒川水運史の総括」でも述べておいたとおり、寛政五年九月の板戸河岸問屋の嘆願書(59)を見ると、衰退の要因として奥州荷物が那珂川水運を利用するようになったことをあげているが、このような板戸河岸の衰退は、鬼怒川の川下げ荷物を主として取り扱っていた境河岸の衰退にも大きな影響を及ぼしていたものと考えていることを付記しておきたい。

第三章　取手宿本陣染野家の醤油の江戸廻漕

水戸街道取手宿で本陣・名主などを勤めていた染野家には、近世後期の醤油生産の史料が保存されている。

そこで筆者は、これらの史料を利用して醤油の生産と江戸への出荷状況について明らかにしてみたいと考える。

まず嘉永五年（一八五二）の「諸入用付込帳」(60)から、醤油の生産高とその入用費、江戸への出荷高などを記した史料を紹介してみると、つぎのとおりである。

　嘉永五年諸入用付込帳

一　三百六拾石

　　内百石千三百拾弐樽

　　　四樽八分かへ
　　　代金弐百七拾三両也

　　　十

　内弐百石六千八百樽

　　　八樽五分かへ
　　　代金八百両也

　　　十八

　内六拾石弐千九百八拾七樽

　　　十半かへ
　　　代金弐百八拾四両一分也

三口〆樽数壱万千九拾九樽

代金千三百五拾七両也（三割七分）　売分
外ニ
金五拾両也　粕代
内
金五拾両也　粕代金買入引
金百八拾両也　樽代引
金百五十両　掛見込
金五拾両　品々見込
差引〆金三百弐両也
又金三拾両　駄賃引
（中略）
又引〆金弐百七拾弐両也
十二ケ月積入分
〆九千六百拾樽

（安政四年店卸帳抜粋）

これを見ると、染野家の醤油生産高は三六〇石で三口しめて一万一〇九九樽となり、この売上代金は金一三五七両であったことがわかる。

また、安政四年（一八五七）の「醤油店卸帳」(61)の一月から十二月分までの生産高は、表18のとおり九六一〇樽であった。そしてこの記録の最後に「十二ケ月積入分、　九千六百拾樽」とあるので、これが江戸への出荷樽数であったと考えられる。

なお、これら醤油の出荷先の江戸商人は、国分（日本橋国分勘兵衛）、釜浅（小網町釜屋浅右衛門）、近仁（小網町三丁目近江屋仁三郎)などであった。
　そこでさらに、安政七年二月付の小網町三丁目近江屋仁三郎から染野藤左衛門あての「仕切書」[62]を紹介してみると、つぎのとおりである。

表18　安政4年(1875)　染野家江戸出荷醤油出樽数

安政4年	銘　柄	数　量	出荷先商人
1月	玉印	150樽	国分(日本橋国分勘兵衛)
	(取)印	100〃	〃　〃
	庄印	30〃	釜浅(小網町釜屋浅治右門)
	天印	70〃	〃 (南新堀)
	(宝)印	30〃	近仁(近江屋仁三郎)
	前印	80〃	〃
	天印	50〃	伊セ庄
	(取)印	70〃	〃
	〃	70〃	高長・大和屋・浅井
	悦印	50〃	〃
1月分計	計	700〃	
2月		900〃	
3月		870〃	
4月		770〃	
5月		710〃	
6月		360〃	
7月		450〃	
8月		760〃	
9月		950〃	
10月		1030〃	
11月		1030〃	
12月		1080〃	
1年分計		9610樽	
売上代金		1095両3分	

注　本表は安政4年「醤油店卸帳」(『取手市史』近世史料編Ⅱ)P760〜765により作成。

未盆前仕切書

正月廿七日入
一[商]印七拾五本

三月三日入
同印七拾五本

〆百五拾本

七拾かへ

代金弐拾壱両壱分　十匁七分壱リ

二月十六日入
一[商]印九拾本

三月廿二日入
一同印四拾九本

〆百三拾九本

九本五本かへ

代金拾四両弐分　七匁八分九リ

〆弐百八拾九本
金三拾六両ト三匁六分

一金弐両三分八匁九リ　口銭 くら敷

一金壱分ト八匁壱分弐リ　かしあけ

一金壱両弐分弐朱ト壱貫三百五十六文　運賃 入方 はしけ

〆為金壱両三分　四匁八分五リ

十月十三日
一金弐拾両也　相渡ス

五月十日
一金弐両也　同

〆金三拾五両ト六匁六リ
引〆金三分　十弐匁五分四リ
右之通仕切金銀不残相渡此表無出入相済申候、以上
安政七申年二月
近江屋
仁　三　郎㊞
染　野　藤左衛門殿
（染野修家文書Z二二）

これを見ると取手宿本陣の染野藤左衛門は、安政六年正月二十七日から三月二十二日までに、二八九本の醤油を江戸の近江屋仁三郎へ送り込んでいるが、その代金は三六両と三匁六分であった。そして口銭・蔵敷銭二両三分、河岸揚げ入用費金一分と八匁一分二厘、運賃・河岸揚げ入用費として金一分と八匁一分二厘、運賃・艀下銭など金一両二分二朱と銭一貫三五六文など、しめて金一両三分四匁八分五厘を差し引いた代金として、十月十三日に金二〇両、五月十日に金二両を受け取り、河岸問屋口銭・蔵敷銭・運賃・艀下銭などを差し引いた残金が金三分と一二匁五分四厘と記されている。

なお、安政四年の「醤油原料買入帳(63)」を調べてみると、原料の大豆や小麦は取手周辺の在郷商人から買い入れ、赤穂塩は正月に四〇俵、二月に二〇〇俵、八月に一〇〇俵、十月に一五〇俵を仕入れていたことがわかる。

そのほか右帳面の後記に、空樽は日本橋の問屋国分勘兵衛から上帰り三〇本、佐久間町の伊勢屋喜兵衛から上帰り五〇本、閏五月二十九日に国分勘兵衛から上帰り五〇本、六月十五日に潰し四八本を小山清吉から買い入れていたことが記録されている。

また右帳面によれば、国分勘兵衛から九月十二日、同二十二日に合わせて二二〇本の空樽を仕入れ、龍ヶ崎の桶屋

亀吉からは新樽三六本を購入してことが明らかになる。

これらの史料により、取手宿本陣染野家は近世後期に入り、醤油の生産と江戸への売り込みに乗り出し、相当の利益をあげていたことが判明する。

ちなみに、白川部達夫氏が調査した土浦醤油問屋萱谷家の天明三年(一七八三)江戸への出荷量は一万三八四六樽で、その代金は一〇四九両一分、一四匁一分であった(64)。

また、文化元年(一八〇四)正月の江戸問屋との「仕切状(65)」によると、土浦醤油問屋伊勢屋の出荷量は六三三一樽であった。

これらを見ると、近世中期から後期にかけて、江戸地回り経済の進展とあいまって北関東農村の江戸向け醤油生産がいちじるしく増大しつつあったことが明白となってくる。

そこでさらに文久三年(一八六三)二月十三日付の相馬組仲間の「醤油造家議定書(66)」を左に紹介しておこう。

(表紙)
「癸　文久三年
　醤油造家議定書
　亥　二月十三日　　相馬組
　　　　　　　　　　　仲　間」

一年々行司より松尾講二月十三日与取極、其砌相触候節不参無之様集会仕、直段高下并粕直段取極可申事
一西行一宿一飯之儀、行司より切手無之者急度相断可申事
一西行一宿一飯之節、万一手違并急病ニ而死去仕候得者、年番行司江申出集会相願、諸入用之儀者仲間一統割合仕
　願出可申筈、猶亦諸相談之上取計可申事

右者先年取極置候処、年暦相立猥相成候間、此度仲間一統相談之上取極候上者、向後相背申間鋪候、依一同連印
如件

連名左之通

一　取手宿 染野藤左衛門㊞
　　藤代宿 市村七左衛門[印]
一　立沢郷 森山半右衛門[印]
　　鬼長郷 川口清蔵㊞
一　上高井村 野口多蔵㊞
　　奥山村 原田茂十郎[印]
一　守谷町 田中藻兵衛㊞
　　高野村 岩田謙三
一　取手宿 釜屋喜兵衛㊞
一　豊体 渡辺半平[印]
一　押切村 金谷吉五兵衛
　　内守谷 瀬崎忠兵衛
一　藤代 近江や文之助
一　□台（虫損） 近江や孝助

これを見ると、取手宿の染谷藤左衛門・釜屋喜兵衛、藤代宿の市村七左衛門、立沢村（守谷市）の森山半右衛門、鬼

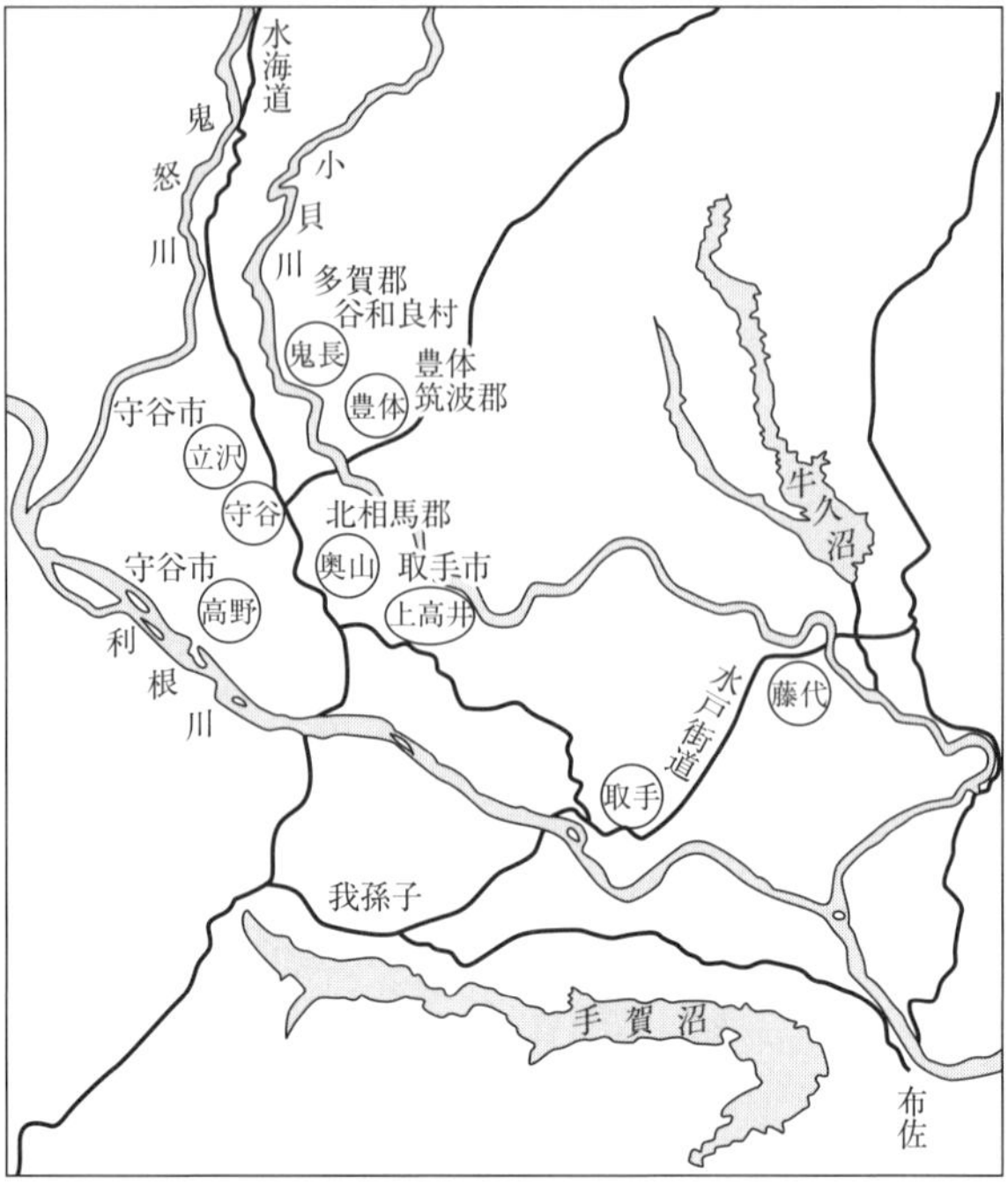

図5　常州相馬組醤油の生産地
『取手市史』通史編P334より転写した。筆者が加筆。

長村（多賀郡谷和良村）の川口清蔵、上高井村（取手市）の野口多蔵、奥山村（北相馬郡利根町）の原田茂十郎、守谷町（守谷市）の田中藻兵衛、高野村（守野市）の岩田謙三、豊体村（つくばみらい市）の渡辺半平、押切村（北相馬郡藤代町）の金谷吉五兵衛、藤代町の近江屋文之助など、取手宿から半経およそ一五キロメートルの範囲内の常州農村地帯に、一四軒もの醸造業者が醤油の製造に従事していたことが確認される。

これは、近世後期に入って北関東農村の地廻り経済の進展したことを如実に示すものと考えられる。

なお、参考までに相馬組醸造業者の分布図を上に紹介しておこう（図5参照）。

終章　北関東農村の江戸廻漕商品の総括

以上で北関東農村の江戸廻漕商品の研究を一応終わることにするが、これまでの研究では不分明であった大豆・木綿・たばこ・醤油の商品生産と流通の実態について、ある程度追究することができたのではないかと考えている。そこで、これまで述べてきたことを各章ごとに要約してみることにしたい。

先ず第一章「上利根川水運と江戸廻漕商品」では、近世初期から後期にかけての上州倉賀野・新両河岸の江戸廻漕商品について、貞享二年（一八六五）に倉賀野町役人が記した「覚書」を見ると、越後からのたばこ、信州からのぶり（鰤）・麻・からし、上州からの絹・綿・うどなどがあった。

また、明和八年（一七七一）四月の新河岸問屋善左衛門・九右衛門・茂右衛門らの勘定奉行石谷備後守あての口上書によると、米・大豆・沼田たばこなどが江戸へ廻漕されていたことがわかる。

それから明和八年十月の倉賀野河岸船問屋三人の勘定奉行石谷備後守（清昌）あての口上書によると、同河岸の下り荷物には、米・大豆・麻・紙・たばこなどであったことが明らかとなる。

さらに時代は下がるが、下流左岸の上州平塚河岸の文化二年（一八〇五）の「荷請帳」を見ると、薪四万二七〇〇束、木炭二万一三〇〇俵で、そのほか農産物加工品の醤油が二六八樽、酒粕三六七樽、それに米・大豆・小豆などが出荷されていたことが判明する。

その後天保期になると、上州地方では大豆の生産がいちじるしく進展したものとみえ、在郷商人の間で河岸問屋の「預り手形」を中心として取引が活潑に行われ、江戸へ船積運送されていたことが明らかになる。

これら大豆の取引に従事していたのは、上州では前橋・伊勢崎・境町・平塚村な一五か町村の商人であった。また、対岸の武州側を見ると、熊谷宿・新戒村・江原村・高島村(以上深谷市)、本川俣村(羽生市)などの在郷商人であった。

これら天保四年(一八三三)十月から翌年九月まで一か年間の「預り手形」一〇九通の大豆取引量は四一一四俵、それに麦六九〇俵、米五九一俵、小豆一八四俵、大角豆六九〇俵、金時一〇俵であった。

こうした事実は、近世後期に入って利根川舟運の発達とあいまって関東地廻り経済がいちじるしく進展しつつあったことを如実に示しているように思われる。

つぎに第二章「中利根川水運と江戸廻漕商品」について要約してみよう。

まず第一節の総州古河船渡河岸と江戸廻漕商品についてまとめてみると、近世中期の宝暦十三年(一七六三)の破船史料(舟主船渡町彦次郎)を見ると、大豆一八三俵を積載していたことが判明する。

次いで安永五年(一七七六)八月の船渡町船持一六人の古河藩御船奉行あての「口上書」には市場への大豆の出荷量が四日～七日の市日は六〇〇俵とあり、さらに「私共江戸へ運送仕候大小豆ニ而、俵数漸三千弐三百程ニ而、渡世甚薄当春ゟ是迄江戸往来漸三四度宛之儀ニ而」云々とあって、当時船渡河岸の船持のほか近接の栗橋町や権現堂の商人との間で、相当多量の大豆の江戸廻漕を競合しつつあったことが判明する。

さらに天明五年（一七八五）の船渡河岸問屋平兵衛から古河藩御船奉行あての記録によると、穀物の積出し数量が四万一四五六俵、それに近在積分が三九五九俵で、これを合わせると江戸向け穀物の廻漕高は四万五四一五俵となる。また、当時の醤油の江戸向け廻漕高は一万二八〇三樽にも及んでいたことが注目される。

それに穀物・真木（薪）総船数一三〇艘とも付記されている。

つぎに寛政元年（一七八九）から七年にかけて、船渡河岸周辺の生井村・飯積村（現加須市）・大曽村から出荷した大小豆は合わせて一五三七俵と記されている。

なお、これは農作物ではないが、古河に近接する伊賀袋村（現加須市）からは、瓦が寛政六年に八〇〇〇枚、同八年に五〇〇枚、瓦屋徳五郎・甚八・藤吉などから江戸浅草の商人へ送荷された記録（伊賀袋村瓦口銭□（虫）之事）がある。

なお、寛政九年十一月の船渡町舟主平右衛門三人乗りの高瀬船の破船記録により積み合わせ荷物を見ると、米二〇四俵、大豆二三俵、醤油一三五樽、油粕一八七枚のほか、堅真木四八〇束などがあり、江戸廻漕商品のあらましが明らかとなる。

また、文化十一年（一八一四）渡良瀬川上流の小生川河岸（現足利市福富町）高瀬船の破船記事によると、米五五俵、炭五〇〇俵、たばこ五〇俵などが積載されていたことがわかる。

以上が古河船渡河岸を中心とする地廻り経済の進展と江戸廻漕商品のあらましである。

つぎに第二節の総州境河岸と江戸廻漕商品の主要荷物であった木綿とたばこの出荷状況についてまとめてみると、元文二年（一七三七）八月～十二月の出荷数は木綿が九〇駄一一八個で、これを一駄二個として個数に換算すると合わせて二九八個となる。これにより元文期には木綿の出荷数が晒木綿一三個よりはるかに多かったことが注目される。

そこで木綿の出荷地とその数量を見ると、結城商人が一〇人で九〇駄三四個合わせて個数二九八個、下妻商人が四人で四四個、真岡商人が二人で四個、久下田商人が三人で九個、佐野商人が二人で四個、その他の商人が合わせて一四個であった。

次いで寛政五年（一七九三）の『大福帳』（四月〜十一月）八か月間の晒木綿の出荷数を地域別にまとめてみると真岡がもっとも多く二人で三七七個、下館が八人で一三七個、真壁が二人で三四個、宇都宮一人で三四個、笠間が一人で八個、その他三人で二〇個で、合わせて六一〇個であった。

さらに天保七年の『大福帳』（三月〜九月）約七か月間の買次問屋別の晒木綿の江戸出荷数を見ると、真岡が二人で二二六・五個、下館が二人で九三個、宇都宮が一人で一五個、笠間が二人で一一個で、合わせて三四五・五個であった。これを見ると寛政期に比べてほとんど増加していないことがわかる。その要因は、ちょうど天保の飢饉の時期であったからだと考えられる。

なお、木綿の出荷数は天保の『大福帳』では僅かに一五個、七五端であった。

続いて境河岸のたばこの出荷状況についてまとめてみると元文の『大福帳』（二年八月〜十二月）五か月間の総荷量は一七・五駄と二〇七四個で、これを個数に換算してみると二一七九個（一駄六個）となる。その出荷地を見ると水戸がもっとも多く、そのほか下妻・笠間・烏山、それに上州倉賀野、奥州の石川・三春などであった。

また、同帳により切粉たばこの出荷数を見ると二〇駄と四一一個で、その出荷地はほとんどが水戸であったことが注目される。

つぎに寛政の『大福帳』（五年四月〜十一月）の切粉たばこの出荷数をまとめてみると、一六駄と一三〇六・五個で、そのうちもっと多いのは黒羽（大田原市）の六七個、つぎが八木沢（大田原市）の六〇個、そのほか笹沼村（黒磯市）の四二個、中沢村（那須郡）の六駄一個（三七個）、水戸の六駄（三六個）、冨田村（岩井市）の三三個、那須町の二駄（一二個）、その他となっている。

これにより、元文期と比べ水戸の切粉たばこの荷量が大幅に減少していることが注目される。

それから寛政の『大福帳』のたばこについて出荷地の荷量を見ると、もっとも多いのは船橋村（芳賀郡益子町）で二九駄と一一八個（二九二個）、つぎが石川町（福島県）の四三駄と五個（二六三個）、続いて大山田（那須郡馬頭町）の一〇五個、中田村（古河市）の五九個、上三坂村（東茨城郡城北町）の二五個、会津（福島県）の六俵、笠間の二個などとなっている。

たばこの出荷地は、福島の石川町と栃木の馬頭町が多かったことが判明する。

それから天保期の『大福帳』により切粉たばこの出荷状況についてまとめてみると、奥州たばこの出荷が多くなっていることが注目される。もっとも多量であったのは福島県の商人で、須賀川の商人安達屋久兵衛の二七五個、郡山の長瀬屋儀兵衛の一七二個、同郡山の井枡屋半兵衛の一三〇個、三春町（田村郡）の碇や九兵衛が三〇個、そのほか二人の二個など、合わせて六二九個で、これだけで全荷量一三〇九個のほぼ半分近くを占めている。そのほか水戸商人の出荷量は六人で一三八個となっている。

これらを見ると、元文期から天保期にかけて水戸や野州のたばこ荷量が大幅に減少していることが明らかになる。

その要因は、近世中期になってこれまで境河岸から江戸へ出荷されていた奥州・野州・常州のたばこの多くが、利根川右岸の布施河岸などから出荷されるようになったからである。布施河岸の方が運賃が安く迅速に江戸へ運送できたからと考えられる。しかし、木綿荷物は株仲間の独占輸送体制により依然として境河岸へ出荷されていたが、天保十二年（一八四二）の株仲間の解散令により、境河岸問屋はさらに大きな打撃を受けることになったのである。

第三節では、東北地方や北関東農村産出の大山田たばこや水戸産の切粉たばこなどが、鬼怒川中流左岸の久保田・

上山川・山王河岸から境河岸への馬付ルートを経由せずに、利根川中流右岸の布河岸へ陸揚げし、江戸川右岸の加村・流山河岸へ駄送し、それから江戸へ廻漕するコースへ変換しつつあったことを明らかにした。その要因としては、近世後期に入ってから境河岸が衰退していったこと、それとあいまって関宿付近の浅瀬の障害、関宿関所査検の待機時間の浪費、さらには布施河岸・加村流山コースの運賃の割引と迅速輸送の利点などもあったことが考えられる。

次いで第三章「取手宿本陣染野家の醤油の江戸廻漕」の小堀河岸と江戸廻漕商品についてまとめてみる。水戸道中取手宿本陣の名主を勤めていた染野家は、近世後期に入ってから醤油醸造と江戸出荷に乗り出している。その時期は弘化・嘉永期に入ってからと推定される。たとえば嘉永五年(一八五二)の『仕入帳』を見ると、原料の塩・大豆・小麦の仕入金などが合わせて金二七二両と記されている。

また、安政四年(一八五七)の「醤油原料買入帳」にも、大豆や小麦、それに赤穂塩六九〇俵などの仕入れ状況が詳しく記されている。

さらに安政四年の一月から十二月までの醤油の出荷高を見ると、表18のとおりで九六一〇樽であった。

このように取手宿本陣の染野家は醤油の醸造に乗り出しているが、このような醤油醸造家は土浦の伊勢屋のほか、取手宿周辺の藤代宿をはじめ一四か町村にも存在していたことが注目される。

このように近世中後期には、北関東農村地帯には江戸地廻り経済がいちじるしく進展しつつあったことが、かなり明白になったように考えている。

付論　近世後期関東地廻り経済と江戸入荷商品

霞ヶ浦をゆく（霞ヶ浦・大正期）
『写真集　利根川高瀬船』（千葉県立大利根博物館、1994）より

はじめに

これまで述べてきたとおり、近世中期から後期にかけて関東農村の商品生産と流通がいちじるしく進展してきた事実は注目に値するであろう。

そしてこれら商品物資の大半が、利根川とその支流、さらには荒川水運を利用して江戸へ送り込まれていたのである。

そこで、一体これらの商品物資がどのくらい江戸へ入荷していたのか、上方からの入荷商品とも対比させながら、安政三年(一八五六)の「江戸表諸色船運送入津陸付着荷高」[1]により関東地廻り商品入荷高を調べてみると、表1のとおりである(なお以下、安政三年の記載については同資料を使用しているためいちいち註記しない)。

第一節　米・麦・大豆

まず巨大都市江戸住民の主要食料であった米麦について述べる。表1を見ると、米の地廻り商品入荷高は四〇万石と示されている。

これら地廻り商人米は、そのほとんどが、関東の利根川をはじめその支流や荒川などの河川舟運により江戸へ運ばれていたのである。

参考までに鈴木直二氏の『徳川時代米穀配給組織』[2]に掲載されている江戸への商人米の主な積み出し地と河岸の図

表１　安政３年(1856)関東地廻り商品入荷高

品名	地廻り商品入荷高	上方からの入荷高	主な出荷地・備考
米	400,000石	11～12万石	武家払米248万石
大豆	895,000俵		上州・野州・奥州
小豆	145,000俵		武州・野州・上州・常州・東海道筋
大麦	487,000俵		野州・常州・上州・下総・武州在々
小麦	370,000俵		武州・上州・野州・常陸・上総・下総・相州
蕎麦	163,000俵		武州山之手・信州・甲州(以上は上品)・上総・上野・相模辺は船運による
多葉粉	91,699個		薩州国府・摂州舞留・丹波・泉州茂木・大和
下り醤油		8万～9万樽	
地廻り醤油	1,475,000樽		武州行田町・熊谷・久喜町・奈良村
味噌	90,720樽		江戸表味噌問屋
田舎味噌	183,600樽		下総・野州・奥州仙台・南部・津軽外
下り酒		90～100万樽	
地廻り酒	40,000樽		武州行田町・熊谷宿・久喜町・奈良村・加須町・野田町・長野村・下総流山村・上州高崎町外
下り塩		160万樽	
地塩	171,000樽		下総国行徳領・武州大師河原・戸部浜・金沢新浜
木綿	80,168個		信州・甲州・上州桐生・野州足利・結城・真岡・武州岩槻・幸手・越谷・騎西・鴻巣・行田・熊谷・粕壁・八王子・川越・飯能辺
真綿	8,286貫目		奥州伊達郡・信夫郡・上州高崎・藤岡・武州本庄辺・信州上田・松本辺
麻苧	32,380個		野州・上州・信州・奥州・会津・越後辺
繰綿	29,162本		大和・大坂・参州・尾州・遠州・常州水戸辺
多葉粉	91,699個		薩州国府・摂州舞留・丹波・泉州茂木・大和・備中、上州館・武州秩父館・野州大山田・佐野・奥州松川
干鰯・しめ粕	367,394俵		西海・北海・関東・奥州筋
石灰	11,086俵		八王子
〃	56,870俵		野州
炭	3,475,000俵		紀州熊野・武州・神奈川・川越・八王子辺・遠州・豆州・相州・甲州・上州・上総・房州・下総佐倉・水戸街道辺・野州佐野・栃木絹川辺・常州西浦・北浦辺より入津

『東京市史稿』港湾編第三、P13～85により作成。

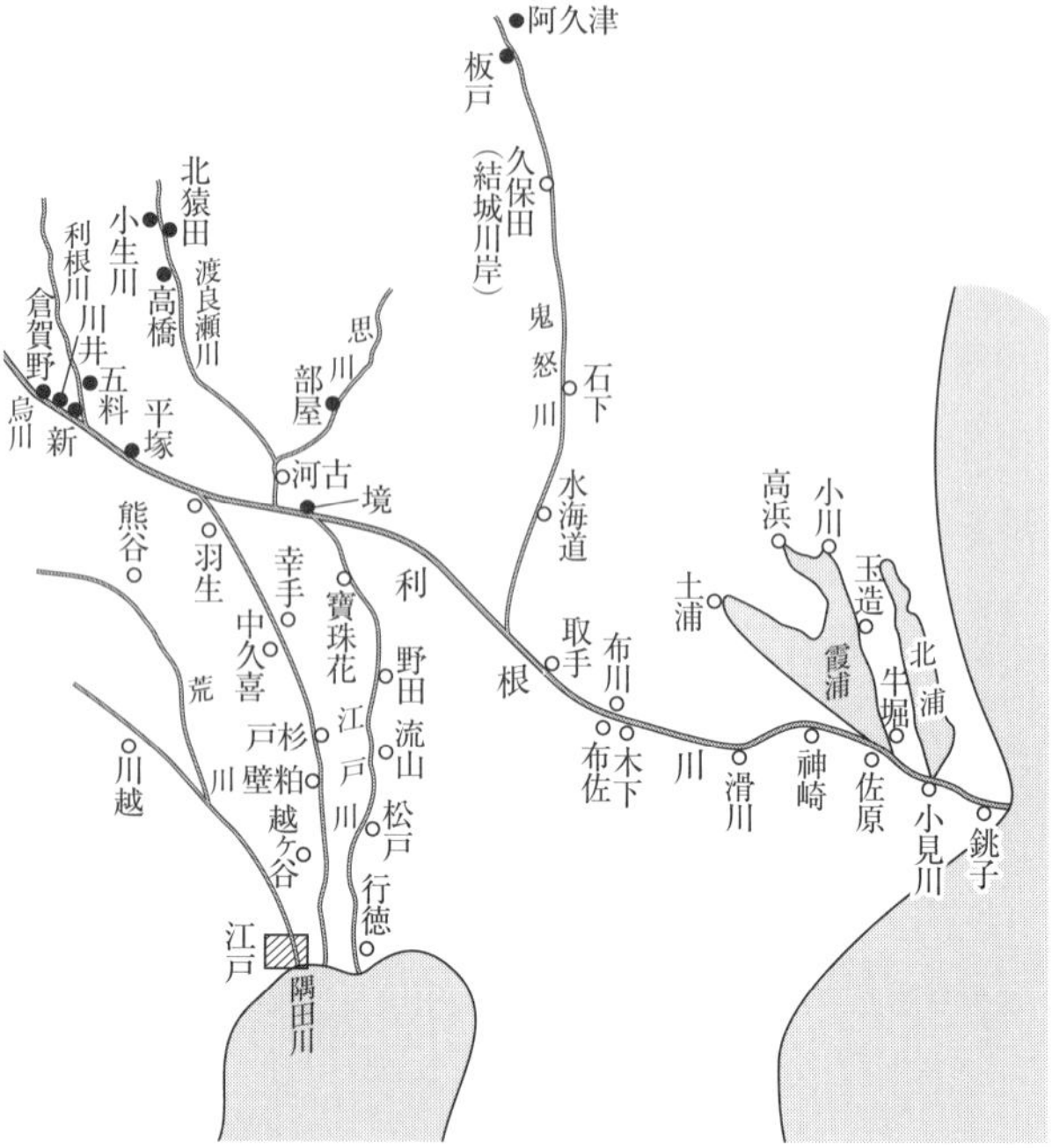

図1　商人米を出荷した主な河岸
鈴木直二『徳川時代の米穀配給組織』（国書刊行会、1977）掲載図（P597）による。●印を加筆した。

を紹介しておこう（図1参照）。
　これらの河岸から大型の高瀬船や艜船に積載して、江戸へ運ばせていたのである。
　たとえば、渡良瀬川上流右岸の小生川《おぶかわ》河岸（現足利市福富町）の船主半右衛門の高瀬船が、文化十一年（一八一四）二月四日、同川下流の本郷村（現埼玉県加須市）付近で破船した際の古河船戸河岸問屋の『御用留』(3)（井上家文書）の記事を、左に紹介してみよう。

覚

一　高瀬舟　　野州梁田郡小生
川村　舟主　半右衛門
積入荷物
米五拾五俵　　内四俵流失
大豆　　四俵
炭　　五百俵　内四十八俵流失
多ば粉　五拾俵　内三俵同断

（後略）

これを見ると、小生川河岸（足利市福富町）の高瀬船に米五五俵、それに大豆・炭・たばこなどを積んで江戸へ運んでいたことが明らかとなる。

また、寛政九年（一七九七）十一月七日昼過ぎ、江戸表へ通船の途中、栗橋宿下権現堂川付近で破船した古河船渡町舟主平右衛門の高瀬船積荷物には、つぎのとおり米二一四俵を積載していたことがわかる。(4)

覚

高瀬船　壱艘　舟渡町家持
舟主平右衛門
三人乗

此積合荷物

米　弐百拾四俵　内三拾五俵少し濡

大豆　廿三俵

水油　壱樽

油粕　百八十七枚　四十樽濡

醤油　百三十五樽　五十三樽濡

箇物　十三箇

堅真木　四百八十束濡

さらに、寛政十二年の古河船渡河岸問屋の『川船御用留』(5)の「破船一札」の記録には、つぎのような籾米四八九俵の商人米運送の記事もある。

覚

一高瀬船　壱艘
　此積荷
　舟渡町家持
　　舟主定六
　　　三人乗
　籾米四百八拾九俵　問屋六兵衛ゟ積出し
　　弐百拾四俵　無事
　内
　　弐百七十五俵　濡

右は、野州都賀郡部屋《へや》河岸（巴波川《うずま》右岸）の問屋六兵衛から江戸表へ積み出した高瀬船積荷の事例である。
つぎに安政三年（一八五六）の大麦の江戸入荷量を見ると、四八万七〇〇〇俵、小麦が三七万俵で、これらの出荷地は上州・野州それに奥州からと記されている。

この点につき、渡良瀬川下流の古河領伊賀袋付近で寛政八年（一七九六）五月五日に破船した部賀船の積荷物を見ると、つぎのとおり記されている。(6)

一　部賀船　壱艘　野州安蘇郡越名河岸　舟主　又六　多人乗
　此積荷物
　　小麦　弐拾弐俵　濡
　　内　大豆　壱俵

石灰　弐百俵　　同断
炭　五百八俵　　同断
羽子板　七箇　　同断
莚糸立〆　百六拾三束
　内　七拾三束
　　九拾束　無事

右荷物積入、野州越名河岸ゟ江戸表江通船之処、去ル六日早朝、御当所川下伊賀袋村川附之方ニ而致破船候段為御知ニ付、早速罷越見届候処、破船ニ相違無御座候

（中略）

野州安蘇郡越名河岸
　舟主　又六（印）
寛政八年辰五月五日　問や四郎右衛門代　問屋　五郎右衛門（印）
　同国同郡大伏町
　　荷主惣代　六左衛門（印）
古河河岸

右の小麦二二俵の出荷地越名《こえな》河岸（佐野市）は渡良瀬川の支流秋山川の左岸にあり、現在の佐野市越名町にあたる。

また、もう一点、荒川筋の見沼通船の事例を紹介してみよう。天保七年（一八三六）八月分の「見沼筋河岸々々俵物江戸運送高書上之控」(7)により米・麦などの江戸運送高を整理してみると表2のとおりである。

見沼通船俵物江戸運送高

屋五右衛門

品目	数量	分量	荷主	送り先
麦	45俵	5斗入り	岩槻宿町石屋利兵衛	足立郡前川村鍵屋新蔵
〃	4俵	〃	〃	〃
大豆	42俵	4斗5升入り	岩槻渋江町佐野屋儀七	〃
〃	54俵	〃	〃	〃
〃	6俵	〃	岩槻宿町穀屋新七	〃
〃	9俵	〃	〃　板屋孫七	〃
〃	24俵	〃	〃　〃	〃
〃	3俵	〃	〃　穀屋新七	〃
米	6俵	4斗1升入り	足立郡片柳村孫七	千住掃部宿穀屋長次郎
大豆	21俵	5斗5升入れ	岩槻宿町穀屋新七	足立郡前川村鍵屋新蔵
大豆159俵　麦49俵　米6俵　※出船後津出し分				

甚蔵

品目	数量	分量	荷主	送り先
割麦	9俵	5斗入り	足立郡大間木新田利右衛門	両国吉川町五十嵐治兵衛
〃	1叺	〃	〃	

衛門

品目	数量	分量	荷主	送り先
米	2俵	4斗入り	足立郡片柳村孫八	江戸芳町河岸山形屋弥七
大豆	2俵	4斗5升入り	〃	〃
大角豆	6俵	4斗5升入り	〃	江戸柳橋岩槻屋弥兵衛
米	14俵	4斗入り	足立郡新染谷村勇左衛門	江戸白銀町3丁目大和屋幸次郎

衛門

品目	数量	分量	荷主	送り先
米	36俵	4斗入り	足立郡片柳村孫八	江戸柳橋松屋勘六
割麦	1俵	〃	足立郡三室村五郎左衛門	江戸浅草田原町伊勢屋佐兵衛
搗麦	1俵	〃	〃	〃

問屋市兵衛

品目	数量	分量	荷主	送り先
米	465俵			
割麦	50俵			
搗麦	3俵			

編Ⅲ所収「武州足立郡染谷村文書」(慶応大学古文書室)P774-778により作成。

表2　天保7年(1836)

新染谷村積問

津出し月日	積立日
7.31～8.11	8.11
8.17	8.24
8.22	〃
8.25	8.25
8.27	8.27
〃	〃
8.28	8.29
8.29	〃
〃	〃
※　〃	〃
	計

大間木新田通船会所

津出し月日	積立日
8.25	8.25
〃	〃

新染谷村積問屋五右

津出し月日	積立日
9.3	9.3
〃	〃
〃	〃
9.25	〃

宮本新田河岸場兵右

津出し月日	積立日
9.1	9.1
9.19	9.19
〃	〃

川口宿字芝川河岸積

津出し月日	積立日

『浦和市史』近世史料

これによると武州足立郡の村々からも荒川の見沼通船を利用して、たびたび麦や大豆などが江戸へ運び込まれていたことが明らかになる。

さらに大豆についてみると、地廻り入荷量は八九万五〇〇〇俵で、それらの主な出荷地は上州・野州、それに奥州と記されている。

これら大豆の江戸向け出荷のありさまについて、上州平塚河岸百姓・船乗り渡世安五郎など一〇人の天保六年七月付の関東向取締出役河野啓助あて「穀物等運送供述書」(8)を見ると、天保五年・六年の間に、合わせて大豆四一五俵を運漕したと記されている。

また、総州境河岸問屋の天保七年三月から九月までの『大福帳』(9)の記録を見ると、大豆の出荷数は合わせて一〇三八俵とあり、境河岸からも近隣地農村の大豆が相当量、江戸へ送られていたことが判明する。そのほか、蕎麦の入荷高を見ると一六万三〇〇〇俵と、これもかなり多量であるが、その主な出荷地は上州・下総・上野など関東農村であるが、そのほか信州・甲州・相州などからも水陸の交通機関により運び込まれていたことがわかる。

第二節　醤油・味噌・酒・塩

本節では醸造品のうち、醤油・味噌・酒、それに塩の入荷状況について説明する。

まず最初に地廻り醤油についてみると、安政三年(一八五六)の入荷高は実に一四七万五〇〇〇樽と記されている。これら醤油の出荷地は筆者の調査によると、下総国銚子・佐倉、それに江戸川右岸の野田村、さらに常州土浦辺、上総国木更津であった。

たとえば、天明五年(一七八五)六月の中利根川右岸の布施河岸の記録には「土浦醤油三百樽余、川岸揚付送りいたし候、残荷物残七百樽余、我等当番相当り候故、此度付送りいたし候」[10]とあって、土浦産の醤油が利根川布施河岸に相当多量に陸揚げされ、馬付けで加村・流山河岸まで運び、それから小船で江戸へ送られていたことがわかる。

また、幕末期の野田村の醤油の生産高は一三軒で四万八六七五石で、これを樽数に換算すると(一石一四樽)六八万一四五〇樽にも及んでいるが、これら大半の醤油も江戸に送られていたのである。[11]

なお、これは明治四十三年の記録であるが、銚子からの醤油の出荷量は鉄道運送で五三万樽であった。[12]

つぎに、寛政三年(一七九一)の味噌の江戸入荷高を見ると九万七二〇〇樽であったが、これら味噌のほとんどは江戸で醸造(原料は大豆と塩)されていたことがわかる。

さらに地廻り酒の入荷高は四万樽と記されているが、その主な出荷地は武州行田町・熊谷宿・久喜町であった。これらの多くは、利根川右岸の須賀河岸・中条河岸などから宝珠花河岸の問屋を経由して江戸へ送られていたのである。[13]

なお、利根川右岸の大越河岸からも、左のとおり埼玉郡笠原村の常盤屋藤兵衛から、武州産の地酒が江戸商人へ送られている[14]。

差上申手形之事

大越
常蔵船

去寅年造
一酒弐拾駄　太別造印
江戸神田明神下玉川長左衛門方へ行
去寅年造
一酒弐拾駄　太別造印
江戸霊巌島東湊町伊勢屋太郎兵衛方へ行
右之通り積送り申候間御改之上
御関所無相違御通被遊可被下候
依而手形一札差上申処如件

武州埼玉郡
笠原村
常盤屋藤兵衛

安政二酉年五月二日

同州同郡大越河岸
問屋　七左衛門

中川
御関所
御役人衆中様

ちなみに、上方からの下り酒は九〇万～一〇〇万樽にも達した。

これら下り酒の出荷地は今津町（滋賀県）・灘（大阪・兵庫）・西宮（兵庫）・尼崎（兵庫）・堺（大阪）などで、天保三年（一八三二）の積荷は四〇万四六二四駄で、これを樽数に換算すると八〇万九二四八樽となり、灘地方の酒が大量に江戸へ入荷していた事実が明らかとなる。(15)

それから醤油・味噌などの製造に不可欠で生活必需品として多用されていた塩の江戸入荷量についてみると、上方からの下り塩が一六〇万俵で、その主な出荷地は播州の赤穂、阿州（徳島）の斎田塩などで、塩廻船で江戸へ運漕されていたのである。(16)

塩は醤油の生産には不可欠で、野田醤油茂木佐平治家の安政二年（一八五五）「商売体分量帳」（経営見積書）をみると、醤油二万四〇〇〇樽を製造する際には赤穂塩二五〇〇俵（入用金二〇〇〇両）を必要とし、そのほか大豆一四〇〇俵（入用金六五〇両）を投入していたことが判明する。(17)なお、天保十年（一八三九）には、花輪村名主高梨兵左衛門が赤穂塩五〇〇〇俵を買い入れていた史料もある。(18)

また文政七年（一八二四）銚子のヤマさ醤油の塩仕入れ俵数は三六一〇俵で、その代金は金二四二両二分、銀一九八匁七分五厘であった。(19)

一方、江戸付近産出の地塩の入荷高は一七万一〇〇〇俵で、その主な産地は下総の行徳であったが、そのほか武州大師河原(川崎市)・金沢新浜(横浜市)・戸部浜(横浜市)などであった。

第三節　木綿・真綿・麻・繰綿

まず木綿の江戸入荷高についてみよう。安政三年(一八五六)の木綿の江戸入荷は八万一六八個、反数にして七九〇万九三六四反であった。

このうち上方からの入荷高は一万四五〇五個で、残りのおよそ六万五〇〇〇個は関東農村の出荷と推定される。関東木綿の主な出荷地は、野州真岡、常州下館・真壁・結城・下妻などであった。関東木綿の江戸廻漕は総州境河岸からも舟運で送られていた(本書第二編第二章第二節参照)。

つぎに真綿の江戸入荷高は八二八〇貫で、その出荷地は奥州伊達郡・信夫郡、上州高崎、武州藤岡・本庄辺、信州上田・松本辺であった。

天保七年(一八三六)総州境河岸からは真綿二〇二個が江戸へ送られている(20)。

続いて苧麻についてみると、江戸入荷高三万二三八〇個はすべて地廻り商品で、その出荷地は北関東の野州・上州のほか、信州や奥州会津、そこに幾度も出荷されていたことがわかる。

ちなみに、総州境河岸の『大福帳』(21)天保七年八月二十日の項を見ると、さのや治右衛門が麻三七個を江戸の苧麻問屋一三人に二、三個ずつ送り込んでいたことが記載されている。

また、天保六年三月付の、倉賀野宿大火の際に岩村田陣屋小泉八右衛門に差し出した書付(22)には、上州下仁田桜井庄蔵分の種麻一二四個、上州大戸宿加部安左衛門分の小麻一六三個、小麻一個、上州富岡吉見屋市太郎分の種麻四〇個、小麻五六個と記されている。これらも江戸出荷分が被害を受けたのであろう。

もう一点、繰綿についてみよう。繰綿の江戸入津高は享保十一年（一七二六）が九万八一一九本[23]であったが、安政三年（一八五六）の江戸入荷高を見ると二万九六七六本に減少している。

そして上方からの繰綿は、大和・大坂・参州・尾州・遠州などから廻船によって江戸へ運ばれていたが、そのほかの繰棉は、常州水戸辺、武州川越・行田・熊谷辺から舟運によって江戸へ運ばれ、繰綿問屋共が引き請け、売り捌いていたと付記されている。[24]

そこで参考までに元禄三年（一六九〇）九月十三日付の和州丹波市上田九郎右衛門と関東商人との繰綿買金出入りの文書を見ると、常州真壁中村作右衛門、同佐藤三郎兵衛ほか、常州久下田（結城郡八千代町）日向野平内、下総結城砂岡三右衛門ほか三人の名前が記されているので、これらの商人が大和の丹波市（京都府丹波町）から繰綿を仕入れていたことが明らかとなる。[25]

そして時代は下がるが、嘉永六年（一八五三）の野州芳賀郡真岡町佐野屋次右衛門・塚田兵右衛門、芳賀郡谷田貝町竹村新右衛門から江戸繰綿問屋あての「差上申一札之事」[26]には、「此度銘々名前書調印仕、並ニ繰綿銘印鑑共相認メ差上候者ハ、一同申合、御組内并ニ御仮組衆中之外へは、聊も洩積一切不仕候」とあって、直段も引き下げるように心懸けるむね記載されているので、繰綿を江戸の問屋へ売り渡していたことが明白となる。これも地廻り経済の進展を示す証左となるであろう。

第四節　たばこ

安政三年（一八五六）のたばこの江戸入荷量は九万一六九九個であった。これには、たばこの出荷地として西国地方では薩摩の国府、摂津の舞留のほか泉州・大和・備中などの国名があげられている。

また、関東地方では上州の館、武州秩父、野州小（大）山田・佐野、それから奥州では松川（福島市）などがたばこの出荷先にあげられているが、その出荷量は記載されていない。

そこで児玉幸多氏の「江戸時代のたばこ」(27)の記事から、弘化三年（一八四六）の出荷地とその数量を引用し、紹介してみるとつぎのとおりである。

国分・舞留下り物	一四万八千斤余
上州、秩父、館	一六〇万斤余（二一・七％）
水戸、下野、大山田	二一六万斤余（二九・四％）
甲州其外諸国	三〇万斤余（四・一％）

これに対して切粉（きざみ）は、

水戸、下野、奥州	一六五万斤余（二二・四％）
信州	一五〇万斤余（二〇・四％）
合計	七三五万八千斤余

右を見ると、国分・舞留など西国から江戸へ入荷したたばこは一四万八〇〇〇斤余であったのに対し、上州（群馬

県）、秩父（埼玉県）の館たばこが一六〇万斤余、水戸・下野（栃木県）の大山田たばこが二一六万斤余と、圧倒的に関東地方から江戸へ入荷した数量が多かったことがわかる。

また、切粉たばこも水戸・下野、奥州が一六五万斤余、信州が一五〇万斤余であったことがわかる。これらのたばこは、そのほとんどが利根川水運を利用して江戸へ運ばれたのである。

ちなみに、利根川右岸の布施河岸から、宝暦十年（一七六〇）から明和六年（一七六九）にかけて出荷された大山田たばこの荷量は二八万七三四六俵、竹貫たばこの荷量は一万八四二一俵、水戸産の切粉たばこは九五三九俵であった(28)。

さらに、天保六年（一八三五）三月の上州倉賀野宿の記録(29)を見ると、信州松本出荷の刻たばこ一二八個の数量と出荷人二〇名の名前が記されている。

なお、明治初年の倉賀野河岸「移出入荷物・船数取調書(30)」には、たばこの荷数が二九二一個、この量目二万三三六八貫目、原価一万一六八四円と記されていて、明治初年になっても、たばこ荷が利根川水運で江戸・東京地方へ運漕されていたことが明らかとなる。

第五節　干鰯・しめ粕・石灰・炭

次いで海産物のうち、干鰯・しめ粕について紹介してみよう。安政三年（一八五六）の府内輸入貨物の記録によると、干鰯・しめ粕の一か年間の江戸入荷高は実に三六万七三九四俵と記録されている。その出荷地は西海・北海産のほか、武蔵・相模・安房・上総・下総・常陸・奥州筋の海辺であったと記されている。したがって、干鰯・しめ粕の主産地は関東の漁村地帯であったことが明らかとなる。

これらの産物は、常州鹿島灘や房総の漁村から五太力船や押送船、それから利根川の高瀬船や艜船、あるいは艀下船などを利用して江戸へ送られていたのである。

たとえば、利根川水運の難船史料にはつぎのように記されている。(31)

覚　水原市兵衛船

一干鰯弐百八拾五俵　磯原村 田野屋九兵衛殿分
　関宿 今井五兵衛殿行
　石津川岸 菅谷伝右衛門積出し

一同百拾俵　中湊 大谷佐平次殿分
　常陸屋権四郎行
　二重作かし 中根源右衛門積出し

一同七拾五俵　石崎半之介殿分
　橋本小四郎殿行
　鉾田かし 中村安兵衛

一同六拾六俵　上沢村 菅谷与次左衛門殿分
　橋本小四郎行
　札川岸 飯嶋弥五兵衛積出し

一肥粕八拾八表　大貫 いせ屋甚兵衛殿分
　日本橋 三崎伊右衛門殿行

鉾田
中村安兵衛出

銚子屋
五兵衛殿行

これを見ると、水原（潮来市）の市兵衛船で、磯原村（北茨城市）出荷の干鰯一八五俵、中湊（那珂市）出荷の干鰯一一〇俵、上沢村（鹿嶋市）出荷の干鰯六六俵、大貫村（東茨城郡大洗町）出荷の肥粕八八俵などを、関宿・江戸方面へ送荷していたことがわかる。

また文化六年（一八〇九）には、塙村（常陸太田市）八左衛門船で江戸深川水戸屋重次郎あてに送り届ける干鰯二六一俵が大嵐に遭遇し難船していたことが、つぎの史料[32]により明らかになる。

一干鰯　弐百六拾壱俵
　内　本濡　五俵
　　色替　拾弐俵

右通、塙村八左衛門船、荒井村荒井十次郎殿ゟ書面之荷物積請出船致候所、当八月廿三日金江津村迄着致候所、其夜大嵐ニ而難船相及候所、漸掛留候へ共、大嵐故掛苫持兼濡沢手ニ相成候趣申来候ニ付、早速罷越相改候所相違無之候、乍然少分之義ニ而荷主方江御知らセ候て者諸入用も相掛候ニ付、拙者方取扱為積登、猶又運賃（被脱カ）之義も日割送状ニ候へ共、延日致候段ハ右始末ニ候へハ、荷主方へ御入割候運賃無相違御渡し被下様御取扱可下候、依之見届一札差遣申候、以上

文化六年
巳八月廿五日　　小堀御舟宿
　　　　　　　　寺田重兵衛

江戸深川
水戸屋重次郎様

巳ノ八月廿三日夜

干鰯やしめ粕の江戸への主な出荷地は、房総半島の東側の海辺の勝浦や御宿、さらには九十九里浜の手込村(長生郡白子町)や粟生村(山武郡九十九里町)、片貝村(山武郡九十九里町)、さらには木戸村(山武郡横芝光町)などであったことが、表3の「東浦賀干鰯問屋貸金一覧表」によって明らかとなる。

この統計表によると、房総海辺およそ四二か村の網主が浦賀の干鰯問屋から、干鰯・しめ粕を担保として資金の提供を受けていたことがわかる。

このうちもっとも多いのは、嘉永元年(一八四八)十一月の入山津村(千葉県長生郡長生村)在住の武庄衛門で、干鰯三五〇〇俵を担保にして金三〇〇両の融資を受けていたことが明らかとなる。また、四天木村(山武郡大網白里町)の四郎右衛門は、嘉永二年(一八四九)十二月十六日に干鰯二〇〇〇俵を担保に金二〇〇両の融資を受けている。

こうした担保物権の干鰯やしめ粕は、押送船や五大力船によって浦賀の干鰯問屋へ運漕されていたのである[33]。また、本須賀村(山武市成東)海保家の安政元年(一八五四)の江戸問屋への干鰯出荷量は四二七〇俵と記されている[34]。これらにより房総沿岸の漁村から相当多量の干鰯が、浦賀や江戸の干鰯問屋へ送られていたことが明らかとなる。

ちなみに九十九里浜でも、粟生村(山武郡九十九里町)より以東の木戸浜(山武郡横芝光町)から東側の漁村は、干鰯・しめ粕を利根川下流の右岸高田河岸などへ駄送し、利根川水運を利用して関宿・江戸方面へ送っていたのである[35]。

つぎに石灰についてみると、八王子産出の一万一〇八六俵は荒川の支流武州新河岸川舟運により江戸へ送られていたものと思われる。この点について入間郡牛子村船問屋七郎右衛門などの勘定奉行所あての天明七年(一七八七)二月付嘆願書[36]には、つぎのとおり記されている。

一武州入間郡牛子村船問屋七郎右衛門代岡右衛門奉申上候、八王子石炭壱ケ年ニ凡四万俵并諸材木・槙炭荷物諸払渡世仕罷在候(後略)

（中略）

天明七年未二月

武州入間郡牛子村

船問屋七郎右衛門

代　岡右衛門

御勘定

御奉行所

備　　考
御宿村（現千葉県夷隅郡御宿町）
浜勝浦（現勝浦市）
新官村（現勝浦市）
川津村（現勝浦市）
沢倉村（現勝浦村）
川津村（現勝浦市）
幸沼村（現長生郡白子町）
粟生村（現山武郡九十九里町）
10カ年賦，１か年に金８月ずつ
小船から大船に乗り替え初統合に差し支え，波
太不明（畑館の市か）
部原村（現勝浦市），網仕入金
網仕入金
各職仕組金
荷物浜買仕干立俵入れ
当冬網仕入金
荷物は廻船に積み入れ
片貝村（現山武郡九十九里町）
〆粕為替金にて代金受取（これは借金ではない）
牛込村（現長生郡白子町）
父借用金，網仕舞之節，金10両ずつ返済
栗生村（現山武郡九十九里町）
入山津村（現長生郡長生村）
中里村（現長生郡白子町）
木戸村（現山武郡横芝光町）
八郎左衛門は網主
四天木村（現山武郡大網白里町）
部原村（現勝浦市）
浜宿村（現長生郡白子町）
五井村（現長生郡白子町）
新宮村（現勝浦市）
片貝村（現山武郡九十九里町）
干鰯仕入金

より作成。

表3　天保11年(1840)～嘉永6年(1853)　東浦賀干鰯問屋房総漁村への貸金一覧表

年　月　日	貸付金額	担　保　物	借用者住居	借用者氏名
天保11. 10	10両	取揚荷物　100俵	上総　御宿村	弥平次
〃	10両	〃　100俵	浜勝浦	次右衛門
〃	10両	干鰯　100俵	新官村	中村四郎兵衛
〃	10両	取揚荷物　100俵	川津村	次郎右衛門
〃	10両	〃　100俵	沢倉村	八三郎
〃	10両	〃　100俵	川津村	助右衛門
〃	15両	干鰯　100俵	新官村	植村勇吉
〃	15両	取揚荷物　100俵	勝浦	源蔵
〃	20両	干鰯　200俵	夷隅郡新官村	岩槻忠兵衛
12. 12.	100府	〆粕・干鰯	九十九里幸治村	徳兵衛
13. 12.	10両		〃　粟生村	儀左衛門
14. 10.	77両1分 銀659分3厘	取揚荷物	夷隅郡新官村	上村郷作
弘化3. 10.	20両	干鰯・〆粕	勝浦	吉野五郎右衛門
4. 5.	20両	運賃にて返済	房州　波太	嶋仁右衛門
10.	25両	干鰯　〆粕	部原村	恒吉
〃	15両	〃　〃	〃	房吉
〃	35両	〃	勝浦村	五郎右衛門
〃	25両	干鰯　〆粕	部原村	七郎兵衛
11.	30両	〃　〃	〃	庄左衛門
嘉永元. 4. 9	100両	〃　1200俵	片貝村	鈴木勝郎
〃 22	50両	〆粕　200俵	〃	〃
5. 3	100両	〃　744俵	〃	鈴木九郎右衛門
6.	50両	〃　魚油	牛込村	網主重兵衛
11.	148両2分	年賦返済	御宿村	式田源太
〃	60両	手網荷物	九十九里　東金村	飯高俊治郎
〃	300両	干鰯　3,500俵	入山津村	武左衛門
12. 23	100両	〃　1,000俵	上総　中里村	五左衛門
〃 25	100両	〃　3,500俵	(不明)	斉藤長五郎
12.	80両	〃　1,000俵	上総　中里村	七左衛門
〃	50両	俵数未定	牛込村	長五郎
2. 正.	100両	〃　1,000俵	九十九里　中里村	七左衛門
2.	100両	〃　1,000俵	入山津村	武左衛門
2. 24	20両	〃　500俵	木戸村	新左衛門
6. 12	25両	〃　400俵	(不明)	秋葉八郎右衛門
〃 20	100両	俵数なし	九十九里　四天木村	四郎左衛門
9.	60両	各漁荷物	部原村	庄左衛門
〃　〃	60両	地引干鰯	〃	獅平
〃　〃	50両	冬漁荷物	〃	恒吉
〃　〃	30両	買入荷物	〃	七郎兵衛
12. 2	100両	干鰯　1,000俵	浜宿村	麻屋善兵衛
〃 7	150両	〃　1,500俵	中里村	大村五左衛門
〃 16	200両	〃　2,000俵	四天木村	四郎右衛門
〃 23	100両	〃　1,500俵	五井村	四郎右衛門金四郎
〃 24	100両	〃　1,000俵	四天木村	四郎右衛門
12.	180両	〃　2,500俵	上総　新官村	辰五郎
〃	110両	〃　831俵	九十九里　片貝村	宗兵衛
4. 12.	65両	干鰯荷物	上総　新官村	上村彦兵衛
〃	50両	〃	〃	〃
〃	100両	〃	牛込村	長五郎
5. 10. 12	50両	冬網	新官村	上村郷作
12.	35両		九十九里　牛込村	長五郎
6. 5.	67両	初魚荷物	部原村	庄左衛門
11.	60両	地引網荷物	〃	常吉
計	3,517両余			

『東浦賀干鰯問屋史料』橋本家(湯浅匡)文書(横須賀史学研究会編)「浦木貸金証文館」P83～100に

これにより、八王子石灰は新河岸川越五河岸の一つ牛子河岸まで陸送され、それから船積みして江戸へ送られていたことがわかる。

また、野州の石灰については渡良瀬川下流に位置する古河船渡河岸の『川船御用留』(37) 安永二年(一七七三)の破船に関する記事を見ると、つぎのとおり記載されている。

覚

野州足利郡高橋村

一高瀬船　壱艘

舟主　喜助　三人乗り

積合荷物

石灰　三百三拾俵

炭　八百拾参俵

真木　四百束

米　弐拾俵

藁　四拾五束

松板　拾七束

右荷物積合江戸通船之処、昨廿八日夜九ツ時伊賀袋村浅間下ニ而破船仕候、

(中略)

問屋　善左衛門

(安永二年)
巳二月廿九日

石川彦太夫様へ遣ス

これにより、安永二年に石灰三三〇俵が高瀬船で江戸へ送られていたことがわかる。

また時代は下がるが、明治十年頃と推定される渡良瀬川支流の秋山川上流の都賀郡葛生町（現佐野市葛生）の石灰産出高と津出し河岸について紹介してみると、つぎのとおりである。[38]

		（産出額一ヶ年）	（津出し河岸）
都賀郡葛生町稼人	片柳清平	二〇〇〇石	越名・馬門
〃	湧井房太郎	二〇〇〇石	〃　〃
〃	木島喜平	三〇〇〇石	〃　〃
〃	田村佐平	二〇〇〇石	〃　〃
〃	吉沢藤七	三〇〇〇石	〃　〃
〃	湧井房太郎	二五〇〇石	〃　〃
小曽戸村	吉沢兵佐	二〇〇〇石	〃　〃
安蘇郡戸奈良村	岡部市十郎	一二〇〇石	
安蘇郡戸奈良村	山口豊蔵	一一三〇石	〃　〃
出流原村	和田源八	一八四二石	〃　〃
〃	片柳作平	二二六二石	〃　〃
〃	寺岡儀一郎	一四八二石	〃　〃
山越村同村		二一五〇石	越名河岸

戸室村　亀田小平　一二〇〇石　〃
岩崎村　蓼沼丈吉　一八〇〇石　〃
上産間村　前原勝蔵　四五〇石　奥戸河岸
赤見村　青木政十郎　二七〇〇石　〃

右によると、都賀・安蘇両郡の石灰稼人の一か年間の産出高は合わせて三万二七一六石で、これらの石灰は渡良瀬川下流の越名・馬門・奥戸の諸河岸から東京方面へ送られていたことが明らかとなる。

なお、時代はさらに下がるが、明治十九年十二月付で安蘇郡書記関根金次郎が書き記した「石灰の景況」には、「茲に安蘇郡石灰の概況は産地十一ヶ村にして製造家三十四戸、竈数十四、産額生石灰百四十一万貫、金沢村六戸、竈数六、生石灰五十五万三千貫」(39)と記されている。

次いで炭の江戸入荷高をみると二四七万五〇〇〇俵という多量となっている。

これらの炭は紀州熊野、武州神奈川、遠州・豆州・相州・甲州など多方面から入荷していたが、北関東農村からも相当多量の炭が利根川とその支流、さらには荒川とその支流の武州新河岸からも江戸へ出荷されていた。

この点について筆者のこれまでの調査からその一端を紹介してみよう。

たとえば上利根川左岸の上州平塚河岸問屋の文化二年(一八〇五)の『荷請帳』(40)を見ると、前橋付近の商人から木炭二万一三〇〇俵が江戸の薪炭商人送られている。

また、利根川支流の渡良瀬川上流北猿田河岸船主小右衛門の天明七年(一七八七)の古河船渡河岸『川船御用留』(41)には、つぎのとおり記されている。

覚

一小高瀬船　壱艘　野州足利郡北猿田河岸　舟主　小右衛門
積入荷物
米　三拾俵　不残　少々濡
六角越前守御屋敷御納米
同　拾壱俵　無事
松田新兵衛様　右同断
炭　千百俵　過半濡
商人荷物御座候、流失等可有之哉未相知不申候
右之荷物、同河岸問屋忠兵衛方ゟ積入江戸表へ通船仕候処、昨夜下宮村（現栃木市藤岡町）渡場江泊舟之処、夜中垢之道致出来、破船仕候段、舟宿伝兵衛方へ為知来候付□罷越、見届候処、破舟相違無御座候、右荷物其節類舟江水揚差置申候、
此段御届申上候
問屋　平兵衛
巳十一月八日
石井八左衛門様へ遣ス

右は炭一一〇〇俵などを江戸へ廻漕する途中難船した記事であるが、このほかにも安永二年（一七七三）に高瀬船に炭五〇〇俵を積んで江戸へ通船の途中難船した記事(42)があり、利根水運を利用して大量の炭が江戸へ送られていたことが確認される。

さらに弘化元年（一八四四）に、思川上流の壬生《みぶ》河岸（下都賀郡壬生町）からも炭が江戸向けに二五四俵出荷されていた

ことを付記しておきたい(43)。

荒川では、安永三年(一七七四)に平賀源内が幕府の許可を受けて炭荷物の江戸輸送を開始してから、相当多量の炭を江戸へ送り出していたが、船のほか筏の上積荷物にも炭を積載していた。

たとえば万延元年(一八六〇)の筏の上積荷物をめぐる出入りの際の記録(44)を見ると、銑五郎の筏には炭一三〇俵、伝之丞の筏には炭三九〇俵、兵九郎の筏には四〇六俵などを積載して筏を川下げしていたことが明らかとなる。

このように炭は関東諸河川を利用して江戸へ大量に送られていたが、そのほか伊豆や相模からも海運により江戸へ送り込まれていたのである。

おわりに

以上、『東京市史稿』港湾編第三に収載されていた安政三年(一八五六)の「江戸表諸色船運送入津陸付着荷高」を中心として、近世後期に入って関東からの江戸入荷商品がどのくらいあったのか、また、関東地廻り経済の進展とあいまって関東水運がどのような役割を果たしていたのか、という点について若干私見も加えながら考察してきたつもりである。

これらの点につき、本書の第一編と第二編と考え合わせてみるとき、これまでの江戸地廻り経済と商品流通に関する伊藤好一・白川部達夫・林玲子・大石慎三郎先生の業績、それに近年になるが新井鎮久先生の優れた著作でも追究し得なかった未開拓の分野を若干でも補うことができたのではないかと思う。

それにしても、近世中後期に入ってからの東北や関東農村の入荷商品が、享保期に比べていちじるしく増大していることも認知することができたように考えている。

最後に、関東水運と商品生産と流通の研究にたずさわってこられた多くの先学諸兄に改めて敬意を表し、擱筆することにしたい。

註

【第一編】

（1）奥田久『内陸水路の歴史地理学的研究―近世下野国の場合―』（大明堂、一九七七年）。
（2）『栃木県史』史料編、近世三、四五四頁。
（3）右同書、四七七頁。
（4）たとえば、思川水運は慶長五年（一六〇〇）八月朔日乙女河岸から徳川家康が乗船し、江戸へ帰還したことが『武徳編年集成』に記載されている。また、荒川上流では北条氏邦奉行衆の材木流送に関する土豪持田四郎左衛門あての連署状などがある。拙著『近世関東の水運と商品取引』（岩田書院、二〇一三年）一七六～一七七頁、拙著『関東河川水運史の研究』（法政大学出版局、一九八四年）五～六頁参照。
（5）奥田註（1）。
（6）『栃木県史』史料編、近世三、四七五頁。
（7）『下総境の生活史』史料編、近世1、五九一頁。
（8）『栃木県史』史料編、近世三、四四四頁。
（9）『寛政重修諸家譜』第十四、三三四頁、戸田忠能の項参照。
（10）『栃木県史』史料編、近世三、四七五頁。
（11）『下総境の生活史』史料編、近世1、五四九～五五〇頁。

(12)『徳川禁令考』前集第六、九五〜九六頁。
(13)『栃木県史』史料編、近世三、四五八〜四七〇頁。
(14)右同書、同頁。
(15)右同書、四七五頁。
(16)右同書、四七八〜四七九頁。
(17)右同書、四八二頁。
(18)『茨城県史料』近世社会経済編1、三七一頁。
(19)同右書、三七一頁。
(20)右同書、三七一〜三七四頁。
(21)『福島県史』第10巻(上)、近世史料3、六七七頁。
(22)右同書、六八二頁。
(23)『栃木県史』史料編、近世三、四四六頁。
(24)『福島県史』第10巻(上)、六八五頁。
(25)『下総境の生活史』史料編、近世1、五八九頁。
(26)『福島県史』第10巻(上)、六八八頁。この点については拙稿「利根川の水運と奥州荷物の動向」(『交通史研究』創刊号、一九七六年)を参照されたい。
(27)『栃木県史』史料編、近世三、四五一〜四五二頁。
(28)『茨城県史料』近世社会経済編1、三七四頁。
(29)右同書、三七四〜三七五頁。

(30) 右同書、三七六頁。
(31) 『下総境の生活史』史料編、近世1、六九六～六九七頁。
(32) 右同書、七〇八～七〇九頁。
(33) 『柏市史』資料編六、三二四頁。
(34) 『下総境の生活史』史料編、近世3、元文二年(一七三七)八月～十月、三～一三一頁。
(35) 『福島県史』第10巻(上)、近世史料3、四五五頁。
(36) 『下総境の生活史』史料編、近世3、明和六年(一七六九)八月～七年四月、三三一～四八九頁。
(37) 『近世交通史料集』七(吉川弘文館)、飛脚関係史料、四九一頁。
(38) 『福島県史』第9巻、近世資料2、一〇九七頁。
(39) 右同書、九〇五頁。
(40) 右同書、九〇五頁。
(41) 『下総境の生活史』史料編、近世3、明和六年(一七六九)八月～七年四月。
(42) 右同書、寛政九年(一七九七)四月～十一月。
(43) 右同書、天保七年(一八三六)三月～九月。
(44) 『福島県史』第8巻、近世資料1、一一二四～一一二五頁。
(45) 『下総境の生活史』史料編、近世1、六〇〇頁。
(46) 右同書、五八六頁。
(47) 奥田註(1)。
(48) 『栃木県史』史料編、近世三、四七七頁。

(49) この点については拙著『関東河川水運史の研究』四〜六頁、拙著『近世関東の水運と商品取引』一五頁、一七六頁などを参照されたい。
(50) 拙著『関東河川水運史の研究』六頁。
(51) 『下総境の生活史』史料編、近世1、五九一頁。
(52) 『栃木県史』史料編、近世三、四七五頁。
(53) 『徳川禁令考』前集第六、九五〜九六頁。
(54) 『栃木県史』史料編、近世三、四五八頁。
(55) 表3を参照されたい。
(56) 『茨城県史』近世社会経済編1、三七一〜三七四頁。
(57) この点については『下総境の生活史』史料編、近世1(六七八〜七〇九頁)を見ると、天和二年(一六八二)から天明五年(一七八五)にかけて、たびたび争論が行われていた文書二七点が収められている。
(58) 『福島県史』第9巻、近世資料2、一〇九七頁。
(59) 『福島県史』第8巻、近世資料1、一二二四〜一二二五頁。
(60) 『下総境の生活史』史料編、近世1、六七五頁。文政十三年(一八三〇)七月付の関宿河岸船問屋藤左衛門の「難船見届一札」には、嶋屋佐右衛門殿分絹糸五六個、京屋弥兵衛殿分同一六八個が災難した旨が記されている。これにより絹糸荷物が右飛脚問屋の荷物であったことが確認される。
(61) 『栃木県史』史料編、近世三、五一〇〜五一一頁。
(62) この点については拙著『関東河川水運史の研究』九五〜九七頁「鬼怒川板戸河岸と境河岸衰退の相関性」でも若干説明しておいたので参照されたい。

【第二編】

（1）『文献による倉賀野』第二巻（倉賀野雁会、一九八五年）一一九～一二〇頁。
（2）右同書、一三三頁。
（3）右同書、八二～八三頁。
（4）『群馬県史』資料編9、近世1、西毛地域1、五五七～五五八頁。
（5）『文献による倉賀野』第二巻、八六～八七頁。
（6）拙著『関東河川水運史の研究』（法政大学出版局、一九八四年）、付録「関東河川水運史関係史料」、四二九～四三〇頁。
（7）右同書、四三二頁。
（8）右同書、四三七頁。
（9）『文献による倉賀野』第二巻、八五～八六頁。
（10）『上里町史』（埼玉県児玉郡）六五八～六五九頁。
（11）拙著『関東河川水運史の研究』三三一～三三七頁。
（12）上州平塚河岸、北爪家文書、文化二年「荷請帳」。
（13）右同家文書。
（14）拙著『関東河川水運史の研究』付録史料21～28、四〇四～四一〇頁。
（15）右同書、付録史料28、四一〇～四一三頁。
（16）右同書、付録史料23、四〇六～四〇七頁。
（17）右同書、付録史料26、四〇九～四一〇頁。
（18）『群馬県史』資料編14、近世6、中毛地域2、五四四～五四六頁。

(19)『古河市史』資料、近世編(町方、地方)、三二一頁。
(20)右同書、三二七〜三二八頁。
(21)古河市船渡町(現桜町)井上家文書。
(22)『古河市史』資料、四九一〜四九二頁。
(23)右同書、五七〇〜五七一頁。
(24)右同書、四一二頁。
(25)右同書、五六三頁。
(26)右同書、五六三〜五六四頁。
(27)右同書、五八五〜五八六頁。
(28)古河市船渡町(現桜町)井上家文書、「御雇船御用留」。
(29)右同文書、寛政九年「川船御用留」。
(30)右同文書、文化十一年「川船御用留」。
(31)『下総境の生活史』史料編、近世1、五頁。
(32)『下総境の生活史』史料編、近世3所収。
(33)『茨城県史料』近世社会経済編1、二九二〜九三頁。
(34)『下総境の生活史』近世3、寛政五年『大福帳』。
(35)右同書、天保七年『大福帳』。
(36)『下総境の生活史』史料編、近世1、二四〇頁。
(37)『茨城県史料』近世社会経済編1、「明和八年境河岸問屋五右衛門煙草荷物引請覚帳」三七〇〜三七六頁。

(38)『下総境の生活史』近世3、元文二年『大福帳』。
(39)右同書、寛政五年『大福帳』。
(40)『柏市史』資料編六、「天明五年古来ゟ請来之荷物書上帳」一九一～一九二頁。
(41)右同書、三二三～三二七頁。
(42)右同書、三九一頁。
(43)右同書、「天保年中運賃之覚」三九一～三九三頁。
(44)『下総境の生活史』近世3、天保七年『大福帳』。
(45)『柏市史』資料編六、三四三頁。
(46)『下総境の生活史』近世3、寛政五年『大福帳』。
(47)右同書、天保七年『大福帳』。
(48)右同書、天保七年『大福帳』。
(49)『茨城県史料』近世社会経済編1「乍恐以書付奉願上候」四二四～四二五頁。
(50)川名登『近世日本水運史の研究』（雄山閣、一九八四年）三八〇頁。
(51)右同書、三八三～三八四頁。
(52)『柏市史』資料編六、「宝暦十辰年ゟ明和六年丑年迄拾ケ年分荷物惣高帳」三二三頁。
(53)右同書、三二八頁。
(54)右同書、「文政五午年ゟ河岸場荷物駄数改」三四三頁。
(55)右同書、三四三頁。
(56)右同書、二一一頁。

(57)『下総境の生活史』史料編、近世1、八〇頁。
(58)『取手市史』近世史料編Ⅱ、五九六頁。
(59)『栃木県史』史料編、近世三、五一〇~五一一頁。
(60)『取手市史』近世史料編Ⅱ、七三〇~七三七頁。
(61)右同書、七四六~七六〇頁。
(62)右同書、七六八頁。
(63)右同書、七四六~七六〇頁。
(64)白川部達夫「江戸地廻経済の展開と土浦醤油問屋」(田中嘉男編『歴史の中の都市と村落社会』思文閣、一九九四年)二六〇頁。
(65)『取手市史』近世史料編Ⅱ、二七一頁。
(66)右同書、二七二頁。

【付論】

(1)『東京市史稿』港湾編第三。
(2)鈴木直二『徳川時代の米穀配給組織』(国書刊行会、一九七七年)。
(3)古河市船渡町(現桜町)井上家文書、文化十年『御用留』。
(4)右同家文書、寛政九年『川船御用留』。
(5)右同家文書、寛政十二年『川船御用留』。
(6)拙著『近世関東の水運と商品取引』(岩田書院、二〇一三年)四九頁。
(7)『浦和市史』近世史料編Ⅲ所収「武州安達郡染谷村文書」(慶応大学古文書室)七七四~七七八頁。

(8) 拙著『関東河川水運史の研究』付録史料28、四一二頁。
(9) 『下総境の生活史』史料編、近世3、天保七年（一八三六）三月～九月。
(10) 『柏市史』資料編六、一九〇頁。
(11) 拙著『近世関東の水運と商品取引　続』（岩田書院、二〇一五年）九二頁。
(12) 『流山市史』別巻「利根運河資料集」（一九八五年）五〇二頁。
(13) 拙著『関東河川水運史の研究』二四一～二五〇頁。
(14) 拙著『近世交通運輸史の研究』八一～八二頁。
(15) 柚木学『近世灘酒経済史』（ミネルヴァ書房、一九六五年）六四頁。
(16) 渡辺則文「近世における塩の流通」（『内海産業と水運の史的研究』吉川弘文館、一九六六年）一九七～二三〇頁。
(17) 拙著『近世関東の水運と商品取引　続』九三～九四頁。
(18) 『野田の醤油経営史料集成』六二一～六三三頁。
(19) 林玲子『醤油醸造業史の研究』（吉川弘文館、一九九〇年）一二〇頁。
(20) 拙著『関東河川水運史の研究』一〇五頁。
(21) 『下総境の生活史』史料編、近世3。
(22) 『文献による倉賀野』一五九頁。
(23) 林玲子『近世の市場構造と流通』（吉川弘文館、二〇〇〇年）七二頁。
(24) 『東京市史稿』港湾編第三、綿の項の説明、八五～八六頁。
(25) 『茨城県史料』近世社会経済編1、二七七～二七八頁。
(26) 『栃木県史』史料編、近世三、五三三～五三四頁。

(27) 児玉幸多「江戸時代のたばこ」(『たばこと塩の博物館研究紀要』第五号、一九九三年)。
(28) 『柏市史』資料編六、三二三〜三二八頁。
(29) 『文献による倉賀野』一五七〜一五八頁。
(30) 右同書、一七三頁。
(31) 『取手市史』近世史料編Ⅱ、五八六頁。
(32) 右同書、五八七頁。
(33) 荒居英次『近世の漁村』(吉川弘文館、一九七〇年)三八一〜三八二頁。
(34) 荒居英次「九十九里浜の鰯漁業と干鰯」(『日本産業史大系』関東地方篇、東京大学出版会、一九五九年)二四五頁。
(35) 拙著『関東水陸交通史の研究』(法政大学出版局、二〇〇七年)第五章「明治前期の下利根川水運と商品流通」を参照されたい。
(36) 『埼玉県史』資料編15、近世6交通、七二六〜七二七頁。
(37) 拙著『近世関東の水運と商品取引』九二頁。
(38) 右同書、一五一頁。
(39) 右同書、一五二頁。
(40) 拙著『関東河川水運史の研究』四六頁。
(41) 拙著『近世関東の水運と商品取引』九四頁。
(42) 右同書、九六頁。
(43) 右同書、六四頁。
(44) 『新編埼玉県史』史料編15、八九二頁。

あとがき

このたび発刊の本書は、先に岩田書院から出版した『近世関東の水運と商品取引―渡良瀬川・荒川・多摩川流域を中心に―』（二〇一三年）、『近世関東の水運と商品取引 続―利根川・江戸川流域を中心に―』（二〇一五年）に次いで三冊目になる。先行の二著は、利根川の支流渡良瀬川・荒川、それに多摩川、そして利根川・江戸川の水運と商品取引を研究対象として取り上げ執筆したものである。

しかるに、本書ではこれまで研究が遅れていた鬼怒川や利根川の上・中流の河岸と、東北・北関東農村の在郷商人と江戸商人の商品取引の動向を明らかにしようとしたものである。しかし鋭意追究してきたが史料の制約もあり、商品流通史的色彩が濃厚な内容となったが、既刊の書名「商品取引」を踏襲し、発刊することにした。この点ご容赦頂きたいと思う。

さて、私は本年二月で満九十歳を迎えたので、これを機に改めてこれまでの私の研究を回顧してみたい。昭和三十一年に法政大学大学院日本史学専攻に入学以来、近世交通史、特に関東河川水運史の研究を志して、本書に利用した境河岸問屋小松原家や上州平塚河岸の問屋北爪家、それに川井河岸の清水家、中瀬河岸問屋の河田家、五料河岸問屋の高橋家、さらに古河船渡河岸の井上家などを訪ね史料収集に努めてきた。それから今日まで六十年近くの歳月が流れ、この間の出来事が走馬灯のように思い浮かんでくる昨今である。

また、この間、母校の法政大学や交通史研究会（現交通史学会）では、恩師児玉幸多先生や豊田武先生をはじめ多くの先生方や優れた学友に出会い、ご指導やご支援を頂きましたことを深く感謝申し上げる。

そのほか史料の閲覧でも、所蔵者の方々や公共機関の各位にも種々お世話になり、有り難く御礼を申し上げる。

なお、本書が少しでも日本歴史の進展に寄与できれば、これまでお世話になった先生方や皆様へのご恩返しになるのではないかと思っている今日この頃である。

そして最後になるが、本書の刊行にあたり、私の原稿の不備につき種々ご指摘と助言を頂いた岩田書院の岩田博氏に改めて御礼申し上げ、擱筆させて頂く次第である。

平成二十九年二月

丹治　建蔵

著者紹介

丹治 健蔵（たんじ・けんぞう）

1927年　東京都杉並区に生まれる
1945年　慶應義塾商業学校卒業
1950年　法政大学専門部政治経済科卒業
1952年　同大学文学部史学科卒業
1952年～61年　玉川学園中学部・高等部教諭
1959年　法政大学大学院人文科学研究科日本史学専攻修士課程修了
1961年～64年　法政大学第二工業高等学校講師
1964年～67年　同大学文学部研究助手
1967年　同大学大学院博士課程を修了し、文学部兼任講師に就任
その後　青山学院大学文学部・埼玉大学教育学部兼任講師
　　　　与野市総務部参事兼市史編さん室長・同市史編さん委員長、
　　　　東京都日の出町史専門委員長、歴史地理学会常任委員、
　　　　交通史研究会監事等を歴任し、
現在、交通史学会顧問、文学博士

主要編著書
『関東河川水運史の研究』　（法政大学出版局　1984年）
『近世交通運輸史の研究』　（吉川弘文館　1996年）
『関東水陸交通史の研究』　（法政大学出版局　2007年）
『近世関東の水運と商品取引』（岩田書院　2013年）
『近世関東の水運と商品取引 続』（岩田書院　2015年）
『天狗党の乱と渡船場栗橋関所の通行査検』（岩田書院　2015年）
『日本近世交通史研究』　（共編著　吉川弘文館　1979年）
『日本近世交通史論集』　（共編著　吉川弘文館　1986年）
『日本交通史』　（共編著　吉川弘文館　1992年）
『近代交通成立史の研究』　（共編著　法政大学出版局　1994年）
『流域をたどる歴史』全七巻　（共編著　ぎょうせい　1978～79年）
自治体史編著書
『埼玉県与野市史』全13巻　（1977年～93年、市民功労賞受賞）
『東京都日の出町史』全４巻　（1985年～2007年、表彰状受賞）
その他『新修蕨市史』『古河市史』『鉾田町史』の編纂執筆に従事。

近世関東の水運と商品取引 続々
—鬼怒川・利根川上中流域を中心に—

2017年（平成29年）4月　第1刷　600部発行　定価［本体3000円＋税］

著　者　丹治 健蔵

発行所　有限会社岩田書院　代表：岩田　博　http://www.iwata-shoin.co.jp
〒157-0062 東京都世田谷区南烏山4-25-6-103　電話03-3326-3757　FAX03-3326-6788

組版・印刷・製本：ぷりんてぃあ第二

ISBN978-4-86602-991-7　C3021　¥3000E